행운을 안고 입장했던 사람들 중에서
오직 적당한 시기에 물러났던 사람만이 행복을 지킬 수 있었다.
그라시안

시간의 걸음걸이에는 세 가지가 있다.
미래는 주저하면서 다가오고, 현재는 화살처럼 날아가고,
과거는 영원히 정지하고 있다.

F. 실러

행복해지는 데는 두 가지 방법이 있다.
욕심을 줄이거나 소유물을 늘리는 것이다.
그 어느 쪽을 선택해도 좋다.
프랭클린

천 명의 적이 나를 불행하게 할지라도
한 명의 참된 벗은 우리를 행복하게 한다.
에센바흐

나는 나를 바꾸기로 했다

나는 나를 바꾸기로 했다

펴낸날 2022년 10월 12일 1판 1쇄

지은이 우즈홍
옮긴이 이에스더
펴낸이 강유균
편집위원 이라야 남은영
기획·홍보 김아름 김혜림
교정·교열 이교숙 정아영 나지원
경영지원 이안순
디자인 바이텍스트
마케팅 신용천

펴낸곳 리드리드출판(주)
출판등록 1978년 5월 15일(제 13-19호)
주소 경기도 고양시 일산서구 고양대로632번길 60, 207호(일산동, 대우이안)
전화 (02)719-1424
팩스 (02)719-1404
이메일 gangibook@naver.com
홈페이지 www.readlead.kr

ISBN 978-89-7277-366-5 (03320)

* 잘못된 책은 바꾸어 드립니다.
* 책값은 뒤표지에 있습니다.

나는 나를 바꾸기로 했다

아무것도 하기 싫은
나를 위한 성장 심리학
_꿈과 성장

우즈훙 지음
이에스더 옮김

리드리드출판

prologue

길 위에 서 있다면 눈을 들어라

나는 독설이 가득한 책을 좋아한다. 그중 짧은 유머 형식의《악마의 사전The Devil's Dictionary》과 정치학자 에릭 호퍼Eric Hoffer의《맹신자들The True Believer》책은 내게 특별하다. 이 책들의 문장은 나를 일깨우고 나를 자극해 행동하게 했다. 그로 인해 오늘의 내가 있다고 해도 과언이 아니다.

나는 십수 년 전부터 실제로 경험하고 깨달은 것들과 생각을 웨이보微博에 올려 왔다. 내 글을 읽은 독자들의 반응은 상상 그 이상이었다. 내 글을 읽고 자기 삶을 변화시킨 사람들의 생생한 증언들이었다. 진정한 자신을 발견하게 되었다는 글부터 이제껏 목표에만 집중했는데 이제는 자신을 사랑하기로 했다는 내용까지 다양했다. 이에 이 책에서는 그들의 삶을 변화시킨 여러 글 중 가장 핵심적인 '성장'과 '꿈'을 주제로 이야기해 보고자 한다.

우리의 내면에는 잠재된 '공격성'이 있다. 이는 인류의 본능이자 정신 분석 이론과 치료의 핵심 주제이다. 그래서 이런 '악랄함'이 더 쉽게 작가의 사랑을 받았는지 모른다. 나 또한 이런 악랄함이 좋다. 내가 10살이 채 되지 않았을 때 마을의 형이랑 다툰 적이 있다. 그 형은 내게 "넌 아무것도 아니야!"라고 소리쳤다. 그때 번쩍하며 머릿속에 있던 줄이 튕겨지는 느낌을 받았다. 그래서 나는 이렇게 반격했다.

"형은 아무거나 다야! 땅속에 있는 땅콩이고, 흙덩어리고, 구더기고…."

내가 이렇게 말한 이유는 땅콩을 가득 심은 밭에 서 있었기 때문이다. 형은 어이없어하며 한마디도 하지 못했다. 나를 한바탕 때려주고 싶어 하는 눈치였지만, 큰아이가 작은 아이를 때리는 게 정당하진 않다고 생각했는지 이내 돌아서 가버렸다. 나의 역발상 능력이 통한 것이다.

중고등학교 시절에도 나는 무척 독했다. 옆자리의 친구와 '상대방의 목구멍을 틀어막는' 게임을 즐겼다. 둘 중 누가 먼저 말하면 그 말속의 허점을 찾아내 독설을 날리는 것이다. 상대의 말문을 틀어막아야 이기는 게임이었다. 우리는 거의 석 달 동안 먼저 말을 꺼내려 하지 않았다. '목구멍이 틀어막히는' 게 두려웠고, 상대가 먼저 공격하기를 기다렸다가 제압하고 싶었기 때문이다. 그렇게 시간이 흐르면서 그 친구는 나와 멀어져 있었고 다른 친구들과 가까워져 있었다.

정신 분석론에 따르면 사람의 공격성은 훈련되고 길드는 것이라고 한다. 문명의 표현 방식으로 원시적 공격성을 잠재운다는 것이다. 그래서 나는 나를 바꾸기로 했다. 그리고 성공했다.

웨이보에 쓴 글도 독설의 수준이 약하다. 정제된 표현으로 어떻게 내 생각과 감정을 정확하게 표현할지 고민하며 정중함을 담았다. 마치 명언을 찍어내는 사람처럼 신중하고 감각적으로 대상을 이야기했다.

그날의 기분이나 상황에 따라 웨이보에 올리는 글들이 파편화되어 표현되었지만, 나의 관심과 관점이 고스란히 담겨 있다. 더불어 사고의 발전 과정이 한눈에 보이기도 한다. 예를 들어 '자기애'라는 단어를 검색하면 2010년부터 모든 자기애와 관련된 중요한 생각이 검색된다. 10년 동안의 내 사고의 진화 과정이다. 이를 보는 느낌은 정말 짜릿하다.

사람은 살면서 끊임없이 여러 가지 도전과 전복顚覆을 경험한다. 감정의 진폭이나 사상이나 이념이 바뀌기도 한다. 다른 노선의 길을 가다가 돌아올 수도 있고 자신이 선택한 길만 묵묵히 가기도 한다. 이 모든 것이 생명의 실제 과정이자 한 사람의 영혼이 끊임없이 단련되는 과정이다. 나 역시 심각하게 자신을 잃어버리고 헤매는 순간이 있다. 줄곧 어떻게 해야 더 나 자신으로 살 수 있을지, 진실에 다가갈 수 있을지 그 방법을 찾는다. 고민과 갈등에서

오는 고통이 나를 발전시키는 에너지가 된다는 사실을 알기에 이를 즐긴다. 즐긴다면 좀 과한 표현처럼 들릴 수 있으니 이 과정이 지나면 이전의 나보다 더 나은 '나'가 될 수 있다는 확신으로 어려움을 감내한다고 표현해야겠다.

이게 바로 나의 길이다. 나는 나로 사는 사람일 뿐이다. 나 역시 심각하게 길을 잃은 사람으로서 그저 생각하고, 체험하고, 이를 나눌 뿐이다. 인생은 쉽지 않다. 생명의 동력은 먼저 '자신을 아는 데서' 시작된다. 이 간단한 이치를 나는 산전수전을 다 겪은 후에야 깨달았다. 그래서 나의 몇몇 글들은 길 위에서 체험하고 생각한 진실의 나눔들이다.

이 책은 나의 지난 책들과 사뭇 다르다. 작고 가볍지만, 수년간의 생각과 체험의 기록이다. 이것이 영감의 종자로 작용해 이후 여러 장편의 글로 자라났다. 길 위에 선 모든 사람이 눈을 들어 자신의 길을 찾기를 바란다. 당신을 응원하는 의미로 페르시아 문학의 신비파를 대표하는 이란의 시인 루미의 시 한 수를 보낸다.

너는 네가 문의 자물쇠라고 생각하겠지만,
너는 문을 여는 열쇠이다.
최악인 건 네가 다른 사람이 되고 싶어 하고,
자신의 얼굴과 아름다운 모습을 보지 못하는 것이다.
하지만 다른 사람의 겉모습이 너보다 더 아름답지는 않다.

우즈훙

차례

PART 2 성장 DEVELOPMENT

최후의 승리는 인내하는 사람에게 돌아간다.
인내하는 데서 운명이 좌우되고, 성공이 따르게 된다.
나폴레옹

PART
1

꿈

DREAM

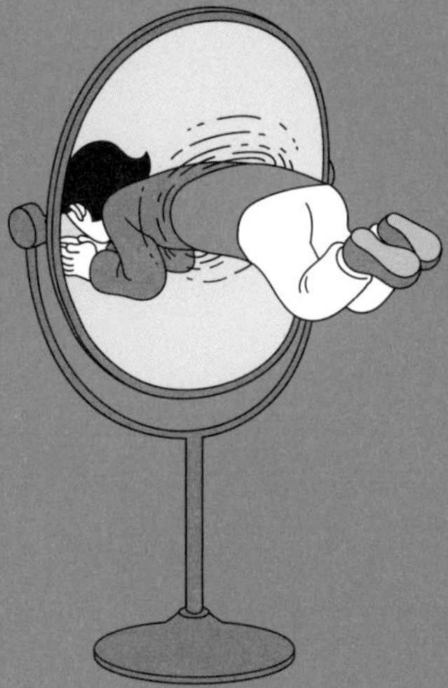

I DECIDED TO
CHANGE MYSELF

자신을 사랑하라.

자신의 영웅이 되어라.

성공을 넘어 생명력을 단련하는 일이다.

영웅은 길을 떠난다

비교신화학자 조지프 캠벨Joseph Campbell은 '영웅의 여정'을 다음과 같이 설명했다.

"내면의 공포를 이겨내고 자기 안에 내재된 어두움을 끌어안으면 진정한 자유를 느낄 수 있다."

이는 자아를 단련시켜 내면의 성장을 이끄는 과정이 영웅의 여정이라는 의미이다. 자신의 상처나 아픔, 어려움과 난관을 이겨내고 자유로운 상태에서 성장을 이룩해가는 것이다.

그러나 이 영웅에 도달하는 여정은 그리 쉽지가 않다. 자아와 내면의 갈등이 성장의 장애물로 작용해 자신을 지배하며 강압한다. 불안과 두려움, 트라우마처럼 내면에 기생하며 자신의 생각과 행동을 제압한다. 그것에 꼼짝없이 옭매인다면 성장은 그림의 떡이 된다. 어쩌면 바라보지도 못하는 처지에 놓일 수도 있다.

영웅의 여정의 핵심은 자신이 두려워하는 '자기 본성'을 건드릴 수 있느냐는 점이다. 이를 위해선 두 가지가 필요하다. 하나는 자신에게 주어진 상황이나 현실에서 자기 마음을 진실하게 드러내야 한다는 것이다. 자기 마음을 관찰하고 진심으로 무엇을 원하고 갈망하는지 찾아내야 한다. 다른 하나는 자신을 깊이 인식하는 것이다. 내적 갈등의 원인을 찾아내는 것인데 두려움을 느끼는 부분을 정확하게 알기 위함이다. 더 나아가 두려움을 느끼는 정도까지 점검하면 좋다.

영웅의 여정을 시작하기 전에 내면에 숨은 고통과 어두움을 건드려보자. 얼마나 단련되어 있는지, 어느 정도까지 이겨낼 수 있

공격적인 삶은 주체적으로 자기 인생을 펼치는 과정이다.
자신을 드러내고 다른 객체와 관계를 형성하면서
생명력을 얻는다. 서로 부딪쳐야 보인다.

는지 자신에 대한 냉정한 평가가 선행되어야 한다. 자기 고통을 건드려야 고통을 이해할 수 있고, 자신의 어두움을 건드려야 어두움을 받아들일 수 있다. 고통을 감내해야 그 가치를 알고, 어둠이 곧 힘이자 희망이라는 사실을 깨닫는다.

자기 내면을 통찰하면 새로운 에너지가 흐른다. 자신을 '인정함'과 동시에 자기의 '가능성'과 '창조력'을 엿볼 수 있다. 스위스의 정신과 의사이자 심리학자, 분석심리학의 기초를 세운 융Carl Gustav Jung은 이를 '개성화 여정'이라고 정의했다. 외부 세계와 내부 세계에 마음을 열고 천천히 여정을 지나다 보면 모든 세계의 이미지가 자기를 중심으로 모이게 된다는 것이다. 그로 인해 자기만의 삶이 창조된다.

적응 능력이 좋은 사람들이 있다. 그런데 그들은 자신만의 기호를 잃을 수도 있다. 사회에 적응하고 다른 사람에게 인정받기 위해 고군분투하다 자기 개성을 발휘하지 못하는 것이다. 다른 사람의 성향을 살피며 그들이 좋아하는 것을 따라 추구한다. 늘 상대의 의중에 집중하느라 자신의 주관과 관점을 살피지 못한다. 아예 없는 사람처럼 행동하기도 한다. 반면, 창조력이 있는 사람이나 자기 내면을 잘 살피는 사람은 자신을 사회에 무조건 맞추지 않는다. 그로 인해 약간의 소외감이나 우울감을 느끼기도 하지만 이를 두려워하지 않는다. 자신을 포기하고 사회에 완벽하게 편입해도 우울해진다는 사실을 알기 때문이다. 그래서 그들은 다른 사람에게 맞추기보다 자기가 원하는 삶을 산다.

우리가 일상에서 만나는 심리적 고통은 모두 그 속에 '의미'가 있다. 그 고통을 줄이거나 피할 방법은 수없이 많지만, 진정으로 문제를 해결하는 방법은 단 하나뿐이다. 고통을 직면하고, 고통의 의미를 인식하며, 문제의 근원을 찾아내는 것이다. 이를 통해 우리는 성장할 수 있다. 그러므로 예기치 않게 직면한 고통과 두려움에서 뒤로 물러서지 말자. '어떡하지?'라는 질문으로 자기 내면의 요구에 귀 기울여야 한다. 내면의 감정은 아주 깊이 존재하므로 쉽게 변화되거나 흔쾌히 반응하지 않는다. 한 번 시도로 안 된다면 연습하고 다시 훈련해보자. 반드시 이를 움직이게 해야 진정한 자기 존재감을 찾을 수 있다.

자기 인생을 펼쳐가자. 용감하게 선택하며 책임지자. 이것이 자아를 실현하는 길이자 자신이 끌어가는 영웅의 여정이다.

완벽한 영웅은 없다

완벽한 사람은 없다. 누구든지 생각과 행동에는 빈틈이 생긴다. 활동이 많고 폭이 넓을수록 빈틈도 많아진다. 반대로 어떤 활동이나 아무 행동도 하지 않는 사람에게는 빈틈이 없다. 활동 자체를 거부하고 움직이지 않으니 당연하지 않은가. 그런데도 이들은 자신에게 빈틈이 없음을 자랑하며 완벽하다고 느낀다. 자신이 영웅에 가깝다고 떠벌린다. 하지만 아무리 완벽해도 파리는 그저 파리다. 파리가 떼를 지어 날아가면 온 하늘을 가릴 만큼 기세가 대단하지만 위대해 보이지는 않는다. 하찮은 파리일 뿐이다.

활동이나 행동, 도전 등에 주저하거나 망설이는 사람들은 필연

적으로 원망이 가득 차 있다. 주변에 뭔가 열심히 하는 사람, 큰일을 하는 사람을 비웃고 깎아내리는 말도 서슴지 않는다. 그런데 이들이 악하고 나쁜 사람이라서 그럴까. 그렇지 않다, 몰라서 그렇다. 만약 그들이 원하는 일을 시작하면 세상과 타인을 이해하게 된다. 진정으로 세상을 사랑하는 법도 깨닫는다. 쉬운 일이 하나도 없다는 사실을 알게 되고 계속 도전하며 포기하지 않는 사람을 인정한다.

공격적인 삶은 주체적으로 자기 인생을 펼치는 과정이다. 자신을 드러내고 다른 객체와 관계를 형성하면서 생명력을 얻는다. 서로 부딪쳐야 보인다. 넘어지고 다쳐봐야 치료하고 조심하게 된다. 잘못하면 바로 잡을 방법을 찾고, 실수하면 다른 방향을 창조하거나 쟁취할 수 있다.

물론 자기 생명력이 다른 사람이나 사회, 인간관계에서 문제를 일으키거나 파괴할 수도 있다. 하지만 그것이 두려워 자아를 억

누른다면 더욱 심각한 문제 상황에 놓일 수 있다. 억눌린 생명력이 폭발하는 순간 회복 불가능한 파국으로 치닫기 때문이다. 무조건 자신을 통제하기보다 자아 표출의 강도를 조절하며 상대와 조율하는 방법을 배워가는 것이 현명하다.

위기는 영웅을 위대하게 만든다

우리는 은연중에 자신이 원하는 대로 세상이 돌아가고, 손가락만 튕기면 세상이 정확하게 응답해주길 바란다. 하지만 정말 그렇게 되면 완벽해질까. '미다스의 손'을 떠올려보자. 만지는 것마다 황금으로 변하게 해달라는 미다스는 결국 그 소원을 이루었지만 가장 사랑하는 딸을 잃었다. 우리의 삶도 이와 마찬가지다. 자신이 원하는 대로 모두 이루어진다면 세상은 매우 공포스러워질 것이다. 물질적 풍요는 얻을지 몰라도 정신적 피폐는 감당하기 어렵다.

우리와 세상 사이에는 난간이나 짙은 안개 혹은 미로가 놓여 있다. 이로 인해 세상으로 향하는 발걸음은 느려지고 세상의 반응은 지연된다. 이때 마음속에 깔려 있는 '선과 악', '사랑과 증오', '삶과 죽음'의 우열에 따라 진행 방향이 결정될 것이다. 그러나 명심해야 할 것은 마음이 극단적 증오와 사랑에 좌우된다면 출구를 찾기 어렵다는 사실이다. 시간이 지날수록 거리는 자괴감에 빠지고 움직일 동력을 잃게 된다. 자아 분열이 나를 나락으로 끌어내리기 때문이다.

바라는 것들이 긍정적으로 지연되는 상황에서 자기 뜻대로 이루어지지 않는 현실은 자신을 객관적으로 인식할 기회를 준다. 실력, 능력, 환경 등 자기가 도전하는 위치나 상황을 냉정하게 바라보게 한다. 그러니 조급한 마음으로 전전긍긍할 필요 없다. 내가 반드시 가야 할 길이라면 단단히 마음먹자. 마음이 단순할수록 이 시공 또한 단순해진다. 위기는 영웅을 위대하게 만든다는 사실을 기억하자.

에너지는 이미 충전되어 있다

우리는 어떤 일이 주어지면 단숨에 완벽하게 해치우고 성취감을 느끼고 싶어 한다. 그러면 그만큼 집중력이 필요한데 뭔가에 끊임없이 방해를 받게 된다. 훼방꾼의 종류도 다양해서 사람일 수도 있고, 시간적 압박이나 급한 일, 음악이나 스마트기기일 때도 있다. 주의력을 분산시키는 대상이나 상황은 언제나 비일비재하다. 집중력이 흐트러지는 순간 우리는 좌절한다. 자기애와 통제감에 도전받기 때문이다.

에너지의 흐름이 막히면 벽에 가로막힌 느낌이다. 에너지가 끊긴다는 것은 정도에 따라 다르지만, 자신의 존재 자체가 무시당한 기분이 든다. 그만큼 내적 에너지가 소멸되며 자기 존엄성이 상실되는 것이다. 심하게는 죽음의 공포를 부르기도 한다.

어떤 사람은 직면한 큰일 앞에서 쓰러지지 않으려고 버티지만 의외로 작은 일 앞에서는 통제력을 잃어버린다. 핑계를 찾고 자기 책임에서 벗어날 궁리만 한다. 그것이 마음대로 되지 않으면 막막함을 쏟아낸다. 그렇게 불안할 때 좌절이 엄습한다. 자신의 소원은 뭉개지고 에너지가 고갈돼 이제는 의미 없는 삶이라고 포기하는 것이다.

그러나 큰 강이나 하천의 흐름을 보자. 물살의 흐름을 돌이나 모래, 풀이나 바위 등의 여러 요소가 방해한다. 하지만 물은 이를 돌파하고 큰 바다로 나간다.

우리도 물처럼 이겨내야 한다. 내적 에너지가 끊임없이 장애물에 부딪혀도 좌절하거나 포기해서는 안 된다. 정면 돌파를 할 수도 있고 우회하는 방법도 있다. 결국 자신의 목적지를 향해 나아가는 것이 중요하다. 시간이 오래 걸릴 것을 염려하지 말고 더딘

우리도 물처럼 이겨내야 한다.
내적 에너지가 끊임없이 장애물에 부딪혀도
좌절하거나 포기해서는 안 된다.

성과에 조급해하지 않으면 된다. 분명 당신은 나아가고 있다.

작은 일이 모여 큰일이 된다. 사소하고 귀찮은 일과가 모여 하루가 되고 일 년이 되고 인생이 되듯 아주 작은 일을 거치며 최종 목표에 도달할 수 있다. 산 정상에 꽂힌 목표물을 보기 전에 당장 발아래 잔목을 헤쳐나가야 한다. 자기 뜻대로 돌아가지 않는 세상에서 끊임없이 열정을 발산하며 꿈을 실현하는 것이 전정한 삶의 철학이자 진리이다.

성숙한 사람은 좌절을 견디기 위해 시공의 개념을 분명하게 형성한다. 시간이 축적되고 공간이 변화하면 에너지가 방해받는다는 것을 안다. 하지만 결국엔 흐른다는 것도 경험적으로 알고 있다. 그러기에 좌절하더라도 일시적 현상에 그치고 다시 툭툭 털고 일어나 새로운 에너지를 뿜어낸다.

그렇다면 외부 세계가 자기 의지대로 흘러가지 않을 때 어떻게 대처해야 할까? 성숙한 방법은 그 일이 '자기 책임'이라고 인정하고 받아들이는 것이다. 슬픈 일이지만 이를 감당해야 다음 과정으로 나아갈 수 있다. 인정하는 걸 거부하면 '누군가에게 당했다, 내 잘못이 아니다'라는 편견을 고집하게 된다. 외부 세계에 자신을 괴롭히는 사람이 있어 뜻대로 되지 않는 일이 발생했다고 분노한다. 심지어 자신을 격렬하게 공격하고 자살 충동까지 일으킨다.

안타깝게도 분명 어느 시점에서는 일이 자기 뜻대로 되지 않는다. 이를 부정적으로 받아들이고 감정을 격화해서는 안 된다. 외부 세계의 가해자가 초래한 일이라고 치부하는 것도 피해야 한다. 직면한 어려움을 받아들이면 분출되는 나의 에너지가 현실을 바꿀 수 있다. 내면에서 흐르는 자기 에너지를 느껴보고 그 흐름을 타보자. 나의 존재 가치를 증명하는 길이다!

창조할 것이냐,
파괴할 것이냐

제자리를 맴돌며 안절부절못하는 사람들이 있다. 이들이 선뜻 나서지 못하고 주저하는 데에는 까닭이 있다. 자신의 창조물이 산산조각이 날까 염려하기 때문이다. 이들에게 자신의 창조물은 곧 삶이고, 파괴는 곧 죽음이다. 창조와 파괴의 욕구는 인간의 근본이다. 육체적 생명 출생과 사망으로 '삶과 죽음의 본능'이라 부른다. 생사의 범주는 무한대로 확장할 수 있다. '소망, 욕망, 정서, 감정, 생각' 등 우리가 느끼는 모든 정서에 삶과 죽음이 존재한다고 보면 된다.

인간은 기본적으로 창조를 통해 쾌감을 느낀다. 하지만 파괴의 쾌감도 있다. 창조력이 잘 형성되지 못한 사람은 파괴 욕구를 추구한다. 파괴의 힘은 대부분 주변이나 사회 등 낯선 외부 세계에서 나타나지만 가장 강력한 힘은 자기 마음에 뿌리내리고 있는 '파괴 욕구'에서 출발한다. 대단히 크게 비뚤어지고 어긋난 자기애가 발현되며 엄청난 파괴력이 나타난다. 이때는 아주 위험해지는데, 극단적으로 죽음의 쾌감에 휩싸여 마치 자신이 사신死神이 된 것 같은 쾌감을 느낀다.

지나치게 자기애가 넘치는 사람은 자기 욕구가 실현되는 것만 보고 싶어 한다. 그 욕구에 자기 생명을 걸었다는 뜻이다. 수고하고 애썼지만 나쁜 결과가 도출되면 자기 파괴의 욕구가 강하게 작용한다. 자신이 통제하지 못할 만큼 강력한 힘이다. 불의의 사고나 불미스러운 사건에 휘말리는 원인도 여기에 있다. 예를 들어 어떤 사람이 일에서 높은 성과를 내고 인정받았다. 그는 기쁨을 만끽하면서 은연중에 두려움에 휩싸인다. 이 좋은 일들이 물거품이 될지 모른다는 걱정이 시작된 것이다. 이전에도 비슷한 경험을 했기에 그는 누군가 자신을 시기하고 질투한다고 의심한다. 기쁨보다 더 큰 불행이 덮쳐 자신을 죽일지도 모른다는 상상까지 불러온다. 그로 인해 기쁨을 온전히 누리지 못하고 모두가 축하하는 상황에서도 불안해진다. 나중에는 자신이 이 상황을 즐기지 못하는 것에 스스로 분노한다. 이는 어떤 외적 에너지가 그를 망친 것이 아니라 자기의 내적 파괴 욕구가 강한 힘을 발휘한 것이다.

안타깝지만 실현할 가치가 없는 욕구나, 실현하기 어렵고 실현 불가능한 욕구는 소멸시켜보는 연습을 해보자. 주도적으로 희망과 가능성이 없는 소망을 죽이는 쪽을 선택하는 것이 자신을 위한 선택이다.

한 마을에 착한 사람이 있었다. 어느 날 술에 취한 그는 건물에서 뛰어내리라는 메시지를 들었다. 누군가 잡아끄는 것 같은 느낌도 받았다. 그는 온 힘을 다해 자신을 통제했지만, 동시에 높은 곳에서 뛰어내리면 너무 짜릿할 것 같았다. 그는 계단을 오르기 시작했다. 하나하나 짚으며 올라가던 도중 불현듯 '아니오!'라는 단어가 번개처럼 뇌리를 강타했다. 이제껏 다른 사람의 말에 순응하고 고분고분 살았을 뿐 '아니오!'를 외쳐본 적이 없다는 것을 깨달았다. 거부의 권리 또한 자신에게 있으며 그것이 자기만의 힘과 에너지가 된다는 사실도 알았다. 그는 서둘러 계단을 내려왔다.

창조 욕구와 파괴 욕구는 합리적으로 발산해야 한다. 창조 욕구가 낮은 사람은 반드시 파괴 욕구가 높다. 그로 인해 사람은 착한데 뭔가를 해내지는 못한 것처럼 보인다. 하지만 기회가 생기면 무시무시한 파괴 욕구를 드러낼 것이다. 그들에게는 파괴 욕구를 표현할 교묘한 방법이 있다. 예를 들면 창조자에 대한 비판과 무분별한 건의 등이다.

주위가 조용해지면 만물이 만들어내는 노랫소리를 들어보자. 만물의 노래 속 리듬과 운율은 아름다움으로 심금을 울린다. 자

주위가 조용해지면 만물이 만들어내는 노랫소리를 들어보자.
만물의 노래 속 리듬과 운율은 아름다움으로 심금을 울린다.

연은 생과 사를 순리로 받아들이고 주어진 것에 만족한다. 연속되는 하모니는 삶이고, 끊어지는 것은 죽음이며, 고음은 삶이고 저음은 죽음을 의미한다. 만약 '생'과 '사' 중 한쪽 면만 있다면 리듬이나 운율도 없을 것이다. 두 가지 면을 가져야 비로소 생사의 힘이 아름답게 교차된다.

지구 역사와 함께 만물의 노래, 우주의 노래는 줄곧 연주되었다. 변화하고 변동에 맞춰 리듬과 박자를 조율하며 인간의 삶을 이끌었다. 이제 당신도 생사의 노래를 자기 의지로 연주하기를 바란다. 당신의 기대보다 훨씬 훌륭한 작품이 될 것이다.

자신의 '나쁨'에 직면하라

심리적 방어기제에는 '원시적 분리, 원시적 부정, 원시적 투사'가 있다. '분리'는 좋고 나쁜 것만을 구분한다. '부정'은 자신의 나쁜 면, 연약한 면을 부정한다. '투사'는 자신의 나쁜 면, 연약한 면을 다른 사람에게 전가한다.

개인의 성숙함을 판단하는 지표는 자신의 '나쁨'을 어느 정도 직면하느냐는 문제와 직결된다. 그러나 안타깝게도 우리는 자기 내면의 원시적 부정을 잘 인식하지 못한다. 언제나 옳고 바른 사람이라는 강한 내적 요구의 작용으로 자신에게 나쁜 면, 연약한 면이 있음을 깨닫지 못하는 것이다. 그로 인해 편집적 사고가 나타난다. 자신의 생각과 판단이 옳으니 다른 사람이 모두 자기 기준에 따라야 한다고 강요하는 것이다. 그러나 진정한 성숙은 자신과 다른 사람의 '나쁨'을 받아들이고 이해하며 변화를 꾀할 때 무르익는다.

사람은 누구나 자신의 '나쁨'으로 좋은 관계를 망가뜨릴까 우려한다. 자기의 연약함이 분쟁을 일으켜 사람들이 자신을 멀리하지 않을까 노심초사한다. 자신이 관계에서 불쾌한 상황을 유발하는 주범이 되고 싶지 않기 때문이다. 하지만 자신이 좋은 사람이 되면 주위 사람들이 나쁜 사람이 된다는 사실을 기억해야 한다. 자신이 좋은 사람이 되기 위해 '나쁨'을 남에게 투사하기 때문이다. 자신은 언제나 정당하고 옳은 사람이 되고 상대는 나쁜 사람이 된다. 자신이 불안한 이유는 상대의 말투가 거칠기 때문이라는 것이다. 잘못의 원인을 상대에게 돌려 자신은 좋은 사람으로 남으려 한다.

그러나 자신에게서 나쁨을 완벽하게 방출한 좋은 사람은 점차

진정한 성숙은
자신과 다른 사람의 '나쁨'을 받아들이고 이해하며
변화를 꾀할 때 무르익는다.

힘과 에너지를 잃고 메말라 간다. 자신에게 '나쁨'이라는 방어막이 없으므로 쉽게 상처받는다. 다른 사람이 주는 괴로움과 고통이 그대로 자기 마음을 관통해 쓰러진다. 이런 상처는 당신에게 외친다.

"제발 온전한 나로 사세요!"

자신을 냉정하게 바라보고 '나쁨'을 대면해야 한다. 의연하게 받아들이고 이에 대처할 방법을 찾아야 한다. 만약 이를 감추려 한다면 관계에서 좋은 사람으로 자신을 포장해야 하기 때문에 상대에게 심적으로 점유당할 수 있다. 자기주장이나 관점 없이 상대에게 무조건 맞추고 수긍하며 따르는 자신을 보게 될 것이다. 나중에 자아정체성 없이 살아가는 자신을 깨닫고 상대를 몰아내야겠다고 결심한다. 그때 비로소 자신을 위해 방어막을 치기 시작하는 것이다. 이는 상처가 주는 가장 가치 있는 부분이기는 하다. 하지만 아플 만큼 아프고 감당할 수 없이 지쳐 있으므로 그 동력마저 잃을 수 있다.

우리 모두 어느 한구석에는 '나쁨'이 존재한다. 더불어 서로의 '나쁨'을 이해하고 수용할 수 있는 '사랑'도 가지고 있다. 자신의 약함이나 나쁨을 솔직히 인정하는 태도를 보이면 상대도 이를 고려하고 배려한다는 말이다. 자기 마음을 학대하지 말자. 내면의 나쁨이 주도하더라도 경계와 주관을 바로 세워야 한다. 세상에서 가장 중요한 일이 먼저 '자신을 돌보는 일'이라는 것을 잊지 말자.

당당하게
자기 사랑하기

'자기애' 표출은 심리적 건강을 상징한다. 물론 자기애에는 잘난 척하고 우쭐대는 것도 포함된다. 자기애 표출이 너무 심하면 문제가 발생하지만, 전혀 표출하지 않아도 심리적으로 건강한 상태가 아니다. 이는 자신에 대한 불만으로 내면이 곪아가고 있다는 것이다. 그러므로 '자기 에너지, 자기 의견, 자기 생각'을 적절히 표출하며 심리적 건강을 유지해야 한다.

자기 표출은 어느 정도 공격성을 띤다. 열정과 샘솟는 에너지가 걸러지지 않은 채 표출될 때 더욱 그렇다. 생명력을 표출하려면 두 가지 조건이 필요하다. 하나는 자신을 무너뜨리지 않는 것이고, 다른 하나는 남을 무너뜨리지 않는 것이다. 이렇게 정제된 공격성이 표출되면 오히려 인간관계와 자신을 둘러싼 세계가 더욱 진실해진다. 이로 말미암아 생명력이 축복받고 자유롭게 표출될 수 있다.

자기 의지를 충분히 표현하지 못하는 사람은 모든 것이 자신에게 불합리하다고 느낀다. 인간관계나 사회적 관계도 자신에게 불리하게 돌아간다고 보는 것이다. 그로 인해 단절되고 일방적인 소통만 원한다. '키보드 워리어'들이 사회적 현상을 모두 불편하게 느끼는 이유가 여기에 있다.

자기 의지로 생명력을 분출하기 위해서는 끊임없이 자신을 단련해야 한다. 자신의 생명력은 다른 존재들과 접촉되면서 하나하나 펼쳐진다. 반대로 자기 의지를 드러내지 못하거나 숨기면 성장을 이루어내지 못한다. 다시 말하지만 사람은 '표출'과 '접촉'을 통해 마음이 단련된다. 나이가 어린 데도 행동이 어른스럽고 겸손하다면 이는 자기 에너지를 포장한 결과이다. 표출과 접촉에서

자신을 믿는 마음은 생명력의 에너지원이다.
자신을 신뢰하고 확신하면 외부 세계에서
어떤 충격을 가하든 에너지의 흐름은 유지된다.

자신을 온전히 드러내지 않고 상대에게 맞추거나 좋은 방향으로 행동과 마음을 유도한 것이다. 이런 성숙은 모두 가짜 성숙이다. 오롯이 자기 삶을 충분히 펼쳐 나가야 한다. 다채롭게 사는 사람만이 진정으로 너그러워질 수 있다. 이를 이루기 위해서는 자기애와 자기만족이 뒷받침되어야 한다.

자신을 믿는 마음은 생명력의 에너지원이다. 자신을 신뢰하고 확신하면 외부 세계에서 어떤 충격을 가하든 에너지의 흐름은 유지된다. 그로 인해 자기감정에 따라 진실하게 살고, 세상과 풍부하게 접촉할 수 있다. 자신의 존재 자체가 다른 사람에게 힘이 될 수 있다는 사실을 믿기 때문이다. 자신의 마음을 감추고 꺼내지 않으면 이런 기회는 오지 않는다.

감정에는 옳고 그름이 없다. 그런데도 감정의 옳고 그름을 논한다면 두 가지 이유 때문이다. 하나는 다른 사람(특히 권위자)에게 나의 감정이 비난이나 비웃음을 살까 걱정하는 것이다. 이들은 최대한 자신의 감정을 숨긴다. 다른 하나는 감정을 표현했을 때 원하는 결과가 나오지 않을까 두려워하기 때문이다. 만약 다른 결과가 나오면 자기가 원하는 대로 세상이 돌아가지 않는다는 사실에 자괴하고 실패했다고 느껴 큰 수치심에 휩싸인다.

자기감정을 신뢰하고 지지하는 용기가 필요하다. 더불어 자신이나 주변 사람으로부터 응원을 받게 되면 용기와 지혜의 에너지가 저절로 생긴다. 이로써 자신감이 생기고 당당해질 수 있다. 자기감정의 지지자 1순위는 바로 자신임을 잊지 말자.

자신의 경계를 넓혀라

경계의 문제를 달걀 껍데기로 비유해보자. 달걀 껍데기는 총 두 겹으로 되어 있다. 하나는 딱딱한 겉껍데기이고 다른 하나는 부드러운 막이다. 예를 들어 일반 가정에는 명확한 경계가 있다. 아버지는 딱딱한 껍데기처럼 든든한 보호자 역할을 하고, 어머니는 부드러운 막처럼 돌보는 역할을 한다. 한 사람이 동시에 두 가지 역할을 하기란 매우 어렵다. 만약 어머니가 가정을 지키는 역할을 한다면 어머니의 부드러운 면이 많이 사라질 것이다. 이와 마찬가지로 아버지가 부드럽게 가정을 돌보는 역할을 한다면 강한 면보다 부드러운 면이 두드러지게 나타난다.

개인과 사회 구성원에게 가장 바람직한 '경계'는 사회가 큰 용기容器로서 믿을 만한 보호막이 되어주는 것이다. 그렇게 되면 개개인은 자신의 역할에 충실하여 자기 책임을 완수하는 데 집중할 수 있다. 만약 사회가 그렇지 못하다면 개인이 많은 힘을 들여 보호막을 구축해야 한다. 그렇지 않으면 자기 돌봄의 기능을 잃고 혼란에 빠질 수 있다.

개인 대 개인에서 경계와 이익은 사회적 관계의 기본적 수칙이다. 서로의 경계를 인정하고 존중할 때 좋은 사회가 된다. 여러 명분을 근거로 함부로 개인의 이익을 착취해서는 안 된다. 이런 전제하에서 더불어 사는 사회가 구현되고 아름다운 현상들이 창조될 수 있다.

그러나 한 사람의 영역으로 들어가면 경계 의식은 자신을 가두는 틀이 된다. 공간이 확보되지 않으면 몸을 웅크리는 것처럼 생각의 틀이 협소하면 머릿속 생각도 움츠러든다. 이때 상상의 세계조차 열리지 못한다면 살아 있으되 죽은 존재가 될 수밖에 없다.

보이지 않는 계급으로 이루어진 사회에서 '경계'는 높은 계급의 사람을 편안하게 해준다. 자기보다 낮은 계급의 경계에 침입했을 때 이익을 얻을 뿐만 아니라 상대를 위한다는 명목을 갖추고 도덕적 우위를 점할 수도 있기 때문이다. 그들은 권위를 내세워 합리화하고 통제를 정당화하려 든다. 그로 인해 낮은 계급은 속수무책으로 사고를 착취당하고 만다. 그러므로 자기 사고의 경계를 넓혀 나가지 못한다면 정신적 식민지 상태에 빠져 주도권을 잃어버릴 수 있다. 주체적 관점마저 상실하는 것이다.

경계와 독립은 상대와 맞물려 있는 경우가 많아 매우 복잡하다. 다른 사람의 공간에 침입하지 않으면서 자신의 공간을 강력하게 지켜내야 한다. 경계를 지켜낸 사람은 그 안에서 자유롭고 강해질 수 있다. 그런데 만약 자신이 초대하지 않았는데 누군가 자기 영역 안으로 들어오면 이는 침입이다. 허락하지 않았는데 내 생각을 부정하면 공격이다. 이에 대응하고 대적하며 싸워나가며 자기 경계를 지킨다.

이렇듯 직접적이고 명료한 경계 의식을 가지면 수많은 일이 매우 간단해진다. 그러나 경계가 매우 좁다면 판단과 결정도 소극적이고 위축될 수밖에 없다. 그로 인해 몸과 마음에 각종 문제가 생기고 주변과 마찰을 부르는 것이다.

영역 인식이 확실하면 상대와의 관계에서 규칙이 생겨난다. 규칙은 합의로 정해야 하는데, 합의되지 않으면 자신의 권리를 인정받기 어렵다. 신이나 법 앞에 모든 사람이 평등하듯 합의로 나의 영역은 내가 주관하고, 상대의 영역은 상대가 주관하며 교집합 영역에서는 서로가 동의한 규칙을 준수해야 한다고 규정한다.

관계에서 자신을 낮추는 것은 자기보호 차원이다. 자신을 낮추지 않고 강함을 내세우면 더 많은 책임을 져야 하기 때문에 침입과 착취의 대상이 된다는 사실을 안다. 자신을 낮추고 자신의 능력을 실제 능력 아래로 떨어뜨리면서 이를 핑계 삼는다. 책임을 회피하는 게 아니라 차라리 능력이 없다고 보이는 편을 택하는 것이다. 분쟁이나 분란을 피해 애써 모른 척할 때도 있고 묵인하고 넘어가는 경우도 생긴다.

그런데 오직 갓난아기만이 한계가 없는 세상을 산다. 엄마가 조건 없이 완전하게 모든 일의 원인과 결과를 책임지기 때문이다. 아기는 모든 일을 벌일 뿐이다. 하지만 성인은 다르다. 자신의 말과 행동, 사고를 전적으로 스스로 책임져야 한다. 어디 그뿐인가. 자신의 공간이 침입당하지 않도록 지킬 강한 힘도 있어야 한다. 그러기 위해 감정을 다스리고 사랑하는 법과 사랑받는 법을 배워야 한다.

경계와 이익은 사회생활의 기본적 수칙이다. 서로의 경계를 인정하고 존중할 때 좋은 사회가 된다. 여러 명분을 근거로 함부로 개인의 이익을 착취해서는 안 된다. 이런 전제하에 더불어 사는 사회가 구현되고 아름다운 현상들이 창조될 수 있다.

자신에게 보이지 않는 잣대를 대지 마라

규범이 간결하고 유용하면 구성원에게 많은 편의를 제공할 수 있다. 서로의 경계를 구분 지을 수 있고 개인의 범위를 확보할 수 있기 때문이다. 그로 인해 구성원은 자기 의지의 표출 범위가 어디까지인지도 알 수 있다. 그리고 이런 경계가 없거나 무의미해지면 혼란이 야기된다는 사실도 알기 때문에 우리는 스스로 규범을 지키려 노력한다.

어떤 모임에 대여섯 살 정도 되는 아주 귀여운 아이를 데리고 온 어머니가 있었다. 모임 참석자 중에는 한 부부가 있었는데 그 아이가 너무 귀여워 친근하게 대하며 계속 놀아주려고 했다. 하지만 아이는 곁을 내주지 않고 그 부부의 친절을 부담스러워했다. 반나절이 지나서야 아이는 경계심을 내려놓고 그들과 가까워졌다.

그 반나절 동안 아이의 엄마는 한 번도 딸에게 "널 예뻐해 주시는데 삼촌, 이모라고 불러야지."라고 말하지 않았다. 그뿐 아니라 그 부부와 친하게 지내라고 권하지도 않았다. 대신 엄마는 딸에게 충분한 시간을 주었다. 그로 인해 아이는 오롯이 자기감정으로 두 어른을 판단할 수 있었으며 자기 마음과 행동을 결정할 수 있는 완벽한 과정을 거쳤다.

어떤 이는 자기 자신에게 명백한 규범을 요구한다. 여기에는 자신의 양심이나 도덕적 도리에서 비롯된 자아의 기준점이 작용한다. 물론 스스로 규범을 지키려 노력하고 자기를 통제하는 것은 구성원으로 마땅한 처사이다. 그러나 자아는 교관이나 지휘관이 아니다. 따라서 무조건 냉정하고 가혹하게 자신을 옭아매고 너무 엄격한 기준점을 제시하면 안 된다. 이는 스스로 폭군이 되는 길이다. 온건한 마음으로 자신의 경계를 돌보는 여유를 보여

10

내가 정말로 나 자신을 사랑하기 시작했을 때,
내 생각이 나를 상처받게 할 수도,
나를 아프게 할 수 있다는 것을 알았다.

야 한다.

'마음'이란 추상적 존재 같지만 구체적인 요구를 한다. 외부의 사건이나 사물과 관계를 맺을 때 감정이 개입하여 방향과 방안을 제시한다. 진실한 마음이 드러나는 순간도 바로 이때다. 상대에게 진실한 관계를 요구하며 자기 존재감을 확인하려고 한다. 그 안에서 기쁨을 느끼길 원하는 것이다. 그러기에 진실을 체험하며 자기 존재감을 느끼고 싶다면 이성적 사고보다 감성이 먼저 발현되어야 한다. 독일 출신의 21세기를 대표하는 영적 지도자 에크하르트 톨레Eckhart Tolle는 《지금 이 순간을 살아라》에서 이를 '사고와 동일시'라고 표현했다.

찰리 채플린이 70세에 쓴 시 〈내가 정말로 나 자신을 사랑하기 시작했을 때〉에도 같은 의미가 내포되어 있다.

> 내가 정말로 나 자신을 사랑하기 시작했을 때,
> 내 생각이 나를 상처받게 할 수도, 나를 아프게 할 수 있다는 것을 알았다.

하지만 내 마음과 연결되었을 때, 내 생각은 가치 있는 동반자가 될 수 있었다.

좋은 관계를 맺기 원하고 삶을 일궈가기를 원한다면 자신이 사회와 긴밀하게 연결되어야 한다. 사회적 규범이나 관계의 규범에 따라 자신이 원하는 욕구가 내면에서 분출되기 때문이다. 여기서 자기 존재감이 드러난다. 더불어 관계의 규범에 따라 자기감정과 마음을 유연하게 조절할 수 있다.

선택할 권리는 양보 불가한 자산이다

상대에게 무언가를 원하면 죄라고 생각하는 사람들이 있다. 자신도 의식하지 못하는 '도덕심' 때문이다. '도움, 부탁, 제의, 건의' 등 모든 관계에서 성립되는 부탁에 거부반응을 드러낸다. 그래서 그들은 깊은 관계를 맺지 않으며 아무것도 원하지 않는다. 더 나아가면 그들은 어떤 선택이라도 그에 상응하는 요구가 따른다고 생각한다. 그로 인해 아무런 선택도 하지 않는 것이다. 그런 그들의 영혼은 도덕심을 제외하면 극도로 메말라 있다. 정교하고 아름다운 영혼은 다양한 존재와 만나고 나누고 더불어 사는 행복에서 나오는 결과물이기 때문이다.

자신이 부정당해본 경험이 있거나 실패를 두려워하는 사람은 아무런 요구가 없는 것처럼 행동한다. 자기 진심을 숨기는 것이다. 비난과 손가락질을 피해 숨는 형국이다. 그 결과 결국 자기 존재를 잃어버리는 지경에 이르기도 한다.

어떤 사람이 성공과 인정으로 포장된 '완벽한' 길을 선택하려 한다면 그는 앞으로 한 발자국도 나아가지 못할 것이다. 어떤 방향으로 움직이든 실패와 좌절, 따가운 시선과 경쟁이 장애물로 포진되어 있기 때문이다. 그런데도 지나치게 고민하는 것은 자기 선택에 실패가 있어서는 안 된다는 생각과 보이지 않는 이점까지 얻고 싶기 때문이다. 욕심으로 점철된 고민이다.

선택은 외부 세계와 자기 내면이 호환되며 작용한다. 이때 양심은 자신의 조력자가 되기도 하고 대립자가 되기도 한다. 여기서 양심을 밀쳐내면 어두운 곳을 향하고 자신에만 집착하는 선택을 하게 된다. 선택한 후에도 마냥 기쁘지만은 않고 어딘지 불편한 자기만족을 가져다준다. 반면, 양심을 조력자 삼아 선택한 결과는 자신을 빛나게 만들어준다. 양심이 최선이면서 최상의 선택을 돕고 결과를 기대하게 만든다. 이런 선택은 빛을 향하며 다른 이들에게도 선한 영향력이 발휘되어 마음은 더 편안해지고 깊은 평온을 느낄 수 있다.

완벽하게 '나'로 사는 것은 내가 선택한 삶에서 자유로움을 누리는 것이다. 여기에는 막중한 책임이 따른다. 그 책임이 얼마나 무거운지 알아야 한다.

미국 신프로이트학파의 정신분석학자이자 사회심리학자인 에리히 프롬Erich Fromm은 《자유로부터의 도피》에서 "자유에 내포된 책임을 질 수 없다면 권위주의에 의지하게 된다."라고 했다. 자유에는 책임이 따른다는 말이다. 떠돌이 노동자 생활로 평생을 보낸 사회철학자 에릭 호퍼Eric Hoffer는 《맹신자들》에서 "부둣가에서 자기 일을 제대로 하지 못하는 짐꾼은 다른 사람의 일을 도와주며 느끼는 도덕적 우월감으로 연약한 자아에서 도피한다."라고 했다. 자기 책임을 저버리고 다른 사람을 도와준들 자신이 감당하지 못한 책임을 향한 비난은 사라지지 않는다. 그러므로 자신의 자유를 만끽하기 위해서는 감당해야 한다.

물론 최선을 다해 선택하고 진심으로 일했는데도 저평가될 수는 있다. 엎친 데 덮친 격으로 순수성이 의심받고 일하게 된 동기조차 어떤 문제가 있는 것은 아닌지 의심받기도 한다.

이런 경우라도 그 일을 하지 않는 것보다 하는 것이 낫다. 그만큼 경험이라는 자산이 쌓이기 때문이다. 반면 아무런 선택도 하지 않는 사람은 계속 자신이 무엇이든 할 수 있다고 믿으며 순결하다는 착각 속에서 살아간다. 하지만 시간이 흐를수록 주도적으로 선택하지 않은 사람의 삶에는 공허함이 찾아든다.

사회에서 타인과 부딪히며 살아가려면 당연히 다른 사람을 고려해야 한다. 이런 고려는 자기 주도적 선택이어야 한다. 진심으로 원해서 내린 선택에는 엄청난 힘이 있다. 영화 〈매트릭스〉의 네오는 스미스에게 공격당해 쓰러지지만 계속 일어난다. 스미스는 그에게 왜 포기하지 않느냐고 묻고 네오가 답한다.

"그게 내 선택이야!"

창조력은 자주적인 인격을 가진 사람의 샘솟는 에너지다. 제안이나 지시, 명령을 무조건 수용하는 사람에게 창조력이란 없다. 자기 안의 창의성을 일깨울 능력을 스스로 억제하기 때문이다. 즉, 수동적인 사람에게는 아무런 기대도 할 수 없다는 말이다.

열정에
개성을 더하라

자신의 생활방식을 의심해본 적이 있는가? 내가 상담한 사람의 대부분은 모두 자신이 적극적이고 효율적으로 살아왔다고 말했다. 자신이 정한 방식이나 생활지침대로 살면서 그렇지 않으면 죄의식을 느꼈다는 것이다. 자신은 반드시 삶의 좋은 도구가 되어야 가치 있는 사람이 된다고 믿었다. 나태하고 퇴폐적인 것은 '나만의' 즐거움이므로 불온하며 용서가 안 되는 죄라고도 했다. 이제껏 내가 교육받은 바도 이와 같아서 일정 부분 그들의 말에 수긍이 갔다. 하지만 그것이 삶의 전부는 아니다. 더 깊은 함의가 뒤따라야 생활이 온전해진다.

'산다'는 의미에는 적극적으로 사는 '열정'만 있어서는 안 된다. 여기에 '맛'이 가미되어야 한다. 어떤 내담자는 "아름다운 순간이 낭비된다."라는 말에 큰 감명을 받았다고 했다. 그는 치열하게 살며 사는 '맛'을 알게 되었다고 한다. 하루하루를 매우 적극적이고 효과적으로 살아야 한다는 것이다. 그러나 매 순간 강박적으로 자신을 채근하면 내면에서 반작용이 일어날 수 있다. '그것만이 사는 방식은 아니지.', '언제까지 이렇게 살 거야.' 등 그 반발심이 강한 힘을 낸다.

사람들에게 삶의 불만이 무엇인지 물으면 '쳇바퀴처럼 사는 일상'이라고 말하는 이들이 있다. 매일 반복되는 일상에 자기 삶을 소모해버리는 게 아쉽고 안타깝다는 것이다. 이는 그만큼 바쁘게 살고 열정적으로 삶을 꾸리지만 마음 한구석에는 공허함이 깃들어 있기 때문이다.

만약 자신에게 있는 삶의 에너지가 지금보다 한 체급, 아니 몇 체급 위라면 어떻게 달라질까? 자신의 신체, 일상, 마음, 생각, 관점 등에서 가장 변화가 심한 것은 무엇일까? 또 자신은 이 변화를

"모든 사람에게는 두 번의 인생이 있다.
이 세상에서 당신이 유일무이한 존재라는 것을 깨달았을 때
두 번째 진정한 인생이 시작된다."

어떻게 받아들일까? 아주 자연스럽고 태연하게 받아들이는 사람은 없을 것이다. 일시적으로나마 당황하고 달라진 주위의 시선을 의식하며 감당하기 부담스러워할 수도 있다.

따라서 습관적으로 순환하며 움직이던 에너지가 소위 '더 높은 체급'의 상태에 진입하는 것을 방해할 수도 있다. 그런데도 우리는 자신을 채찍질하며 더 많은 것을 요구한다. 생각해보라. "같은 곳에서 넘어지지 마라."라는 말이 얼마나 이상주의적인가.

집단주의가 성행할 때는 어떤 개성적 표현도 모두 탄압당할 수 있다. 각자의 개성을 만화경처럼 다채롭게 꽃 피울 수도 없고, 집단에서 용인된 통로만 허용된다. 이런 현상은 교육에서 극단적으로 나타나기도 한다. 초·중·고등학교 학생들이 인정받는 통로는 단 하나 좋은 '성적'이다. 획일화된 교육은 생활을 즐기는 것이나 마음 가는 대로 표현하는 것을 제한하고 통제한다. 여기에 적응하지 못하면 낙오자로 낙인찍힌다.

그로 인해 다른 사람과 다르다는 것 자체를 죄처럼 받아들인다. 따라서 자신의 개성을 죽이고 일반화되어 대중에 편승하려 든다. 많은 사람이 원하는 것을 자신도 원한다며 그것을 가지고 우월함을 증명하려 든다. 단체로 구르는 진흙탕에서 왕이 되고자 하는 것이다. 이 무리를 떠나 분리되는 순간을 두려워하기 때문에 동질감으로 자신의 특성을 덮으려는 것이다.

그러나 '개성'은 생명력의 표출이다. 흥미나 취미, 당신이 좋아하는 의식주 생활방식이 여기에 해당한다. 그런데도 우리는 "당신은 무엇을 원하는가?"라는 질문에 늘 대답하기 어려워한다. 그만큼 자기 에너지원을 충분히 살피지 못하기 때문이다. 자신의 생명력을 키워줄 감각을 명확하게 알지 못하면 자신이 무엇을 원하는지도 알 수 없다. 만약 감정이 아니라 머리로 답을 찾는다면 머릿속은 더 복잡해진다. 주저하고 결단을 내리기 어려운데 재능이나 능력을 타진하며 가능과 불가능의 여부를 놓고 심각하게 고민한다. 감각대로 살아가고 진심에서 우러나오는 소리를 들어야 "내가 원하는 게 이거야!"라고 명쾌하게 답할 수 있다. 현재 절대 불가능한 영역이라도 망설여서는 안 된다. 남극 반도로 가는 배의 갑판에 철학적인 말이 적혀 있었다.

“모든 사람에게는 두 번의 인생이 있다. 이 세상에서 당신이 유일무이한 존재라는 것을 깨달았을 때 두 번째 진정한 인생이 시작된다.”

분명 미지를 탐험하러 가는 길에 적었을 이 말이 우리에게 용기를 준다. 정신분석학자 융도 “첫 번째 인생은 다른 사람을 위해 살고, 두 번째 인생은 나 자신을 위해 산다.”라고 말했다. 언제 어디서든 생명 감각이 허용되고, 발견되고, 위로받도록 자신에게 너그러워지자. 자신이 존중받는 일은 신의 축복이다. 이런 기운이 충만한 사람이 다른 사람의 생명 감각도 존중한다. 바로 이 지점이 위대한 자기 삶의 발화점이다.

감정이 흐르는 곳에서 조화가 싹튼다

생명력이 자라지 않으면 '곤죽'이 된다. 단적인 비유이지만 사실적인 묘사이기도 하다. '곤죽'이 된 생명력은 주변 사람들이 하나둘 떠날 정도로 지독한 악취를 풍긴다. 그로 인해 정상적 희로애락을 느끼지 못하고 뭘 봐도 마음에 들지 않는다. 상대에게 듣기 싫은 말을 내뱉고 어떤 일에서든 흠을 찾으며 크고 작은 사건에서 희열을 느끼기도 한다. 그나마 이성적 사고가 깨어 있는 상태라면 기쁠 때 기쁘다고 말하고, 화날 때 화가 난다고 말하고, 슬플 때 슬프다고 말한다. 하지만 이때도 감정의 작용이 아니라 사고의 판단으로 그저 입으로만 말하고 머리로 생각만 할 뿐이다.

이런 문제를 안고 있는 친구가 있다면 그를 진정으로 기쁘게 할 수 없다. 자제력이 부족한 친구는 "내가 기분이 나쁜 것은 모두 네 잘못이다."라고 전달한다. 그러면서도 왜 그런지 논리나 타당한 이유도 말하지 못한다. 관계를 이어가고 싶은 당신은 온 힘을 다해 그를 기쁘게 하려 하겠지만 모든 언사가 무용지물이 된다. 그 친구는 다른 말로 당신을 또 자극할 것이기 때문이다.

그런데 만약 이런 문제적인 사람이 나 본인이라면 스스로 상황을 파악하고 깨닫기가 어렵다. 하지만 잘 살펴보면 주변에서 신호를 보내온다. 친구들이 슬슬 피하거나 이별을 고한다. 동료가 협업을 거부하고 가족조차 대화를 꺼린다. 따라서 이런 분위기가 파악되면 즉각 자신에게 문제가 있음을 알아채야 한다. 자신의 성격이나 내면의 에너지를 들여다보고 이를 인정하기 싫더라도 냉정하게 문제를 해결할 방법을 찾아 나서야 한다. 해법은 의외로 간단하다.

진실하게 살고, 희로애락의 감정을 솔직하게 흘려보내는 것이다. 먼저 방어막을 걷어내고 진정으로 상대에게 다가가면 된다. 그가 어떻게 생각할까, 부담스러워하지 않을까 하는 염려를 미리 할 필요는 없다. 열정이 없다면 삶의 의미를 잃어버린다. 허무함이 느껴지는 것은 진정한 자아를 이 세상에 드러내지 않았기 때문이다. 허무함은 가짜로 살고 있다는 증표이다.

내면의 소리를 경청하라

자아를 성장시키는 일은 삶의 과정이다. 살면서 자신을 조율하고 채근하고 다독이면서 완성해간다. 이때 인간관계라는 터전이 필요하다. 이 터가 황폐하거나 바람에 쉽게 날리는 모래사막이라면 자아가 온전히 형성되긴 어렵다. 또한 매우 강팍한 땅이라면 터전이 주는 압박에 질식할 수도 있다. 조여 오는 강압과 통제로 살아남기 힘들다. 이 경우 다른 인간관계를 찾아 떠나야 한다. 우리가 안정적으로 뿌리내릴 터전을 찾아 헤매는 이유이다.

가장 바람직한 자아 성장은 관계에서 자기 본성이 성숙하게 변화하고, 긍정적 방향으로 발전하는 것이다. 본성이 억압받으면 겉으로는 성장한 것처럼 보이나 내면은 영양 결핍으로 곪아간다.

반대로 자기 본성을 응원받고 지지받으면 상대의 양분까지 흡수한다.

성숙하게 자기를 사랑하는 사람이 되자. 다른 사람과 구별되는 자기만의 모습으로 살아가야 한다. '내가 누구'인지 드러내면 주변과 사회에서 인정받을 수 있다. 내면에 감춰진 진짜 자신을 드러내고 표출하면 관계 속 자신의 위치를 정확하게 알 수 있다. 이로 인해 자기 내면을 단련시키는 기회와 어려움을 극복할 힘을 얻는다.

마음속 깊은 곳의 목소리를 듣자. 그리고 세상에 자기를 드러내는 데 망설이지 말자. 자기 내면의 요구를 충족시키면 이해하고, 감사하고, 경청할 힘이 생긴다. 진정한 자신을 알게 된다. 사회는 그런 당신을 반긴다. 자기를 드러내는 두려움을 이겨낸 사람만이 세상에서 유일한 '나'로 살 수 있다.

부정적인 에너지도 표현해야 한다

우리는 자신의 사고와 감정이 무시당하면 비참함을 느끼게 된다. 그래서 자기감정을 외부에 전할 때 두려움을 느끼는 것이다. 내가 논리정연하게 감정의 이유를 설명했는데도 "그러면 안 돼.", "넌 왜 그렇게만 생각해?", "네가 잘 몰라서 그래."라는 말이 우리를 얼마나 위축시키는가. 예를 들어 극단적인 가부장제 가정이 있다고 가정해보자. 권력자인 아버지는 가족 구성원에게 있는 힘을 다해 압박을 가한다. 모든 결정권이나 경제권이 아버지의 손에 달려 있기 때문에 가족은 복종한다. 대항이나 저항은 엄두도 못 내며 모든 불합리를 꿋꿋이 참아낸다. 이때 가족 구성원 중 정신적으로 가장 '약한' 사람이 이 권력 구조의 최대 피해자가 된다.

피해자는 고통스럽다고 가족에게 하소연하지만, 아버지에 대한 공포로 아무도 그를 도와주지 못한다. 오히려 아버지가 "너를 더 많이 사랑해서 그래."라고 말한다. 그래도 피해자가 고통을 드러내면 '이단', '미친놈', '정신병'이라는 진단을 내린다. 결국 괴로움에 가득 찬 피해자는 극단적인 분열 상태에 놓이게 되는 것이다.

권위적인 교사는 학생에게 상처를 준다. 그런데 상처받은 친구에게 학교나 친구, 누구도 그의 편이 되어주지 않는다. 부모조차 "선생님이 엄하게 하는 것은 널 교육시키기 위해서 그러는 거야."라고 말한다. 결국 권위에 눌린 학생은 '분열'하게 된다. 어이없지만 이게 현실이다.

심각한 남존여비 관습이 남아 있는 사회에서 여성들은 쉽게 이런 상황에 놓인다. 그녀들은 고통을 하소연할 곳이 없다. 사람들은 사회 통념을 들먹이며 "다른 사람이 틀린 게 아니라, 네가 틀린 거야."라고 훈계만 한다.

우리는 피해자의 고통을 객관적인 시선으로 바라봐야 한다. 그들의 고통이 얼마나 힘겨운지 알아주어야 한다. 섣부른 위로는 안 된다. 반대편을 옹호하듯 "그 사람이 그렇게 하는 건 악의가 있어서 그런 건 아닐 거야. 다 너 잘되라고 그런 거지."라는 말은 절대 삼가야 한다.

그들의 고통은 매우 체계적이며 현실적이다. 그런 그들의 호소를 묵인하고 '사랑'이라는 이름으로 그들을 간과한다. 사회적 약자라는 이유를 들어 문제로 삼지도 않는다. 이런 일은 지금도 비일비재하게 일어나고 있다. 우리는 피해자를 보호해주지 못하는 사회가 개인의 정신분열을 조장하고 있는 건 아닌지 돌아봐야 한다.

영국 정신분석학의 대가 비온Wilfred Bion은 "사랑의 반대편은 사랑하지 않는 것이니 사랑을 표현하지 않는 것이고, 증오의 반대편은 증오하지 않는 것이니 증오를 표현하지 않는 것이다."라고 말했다. '사랑, 이해, 수용' 같은 긍정적인 단어는 쉽게 표현하지만, '분노, 거절' 같은 부정적 단어는 쉽게 표현하지 않으려 한

자신이 느끼는 사랑과 분노를 거부하지 말자.
이를 진실하게 표현하며 더 나은 생존 방법을 찾아야 한다.

다. 그래서 피해자에게 사랑이나 이해를 들먹이며 수용하기를 바라지만 이는 어불성설이다.

분노는 '부정적인 에너지'이지만 꼭 존재해야 하는 감정이다. 부정적 감정은 분명 타인에게 충격을 주지만 한편으로는 개인의 정신적 안정을 돕기도 한다. 인간관계에서 부정적 감정은 긴장을 형성하지만 서로를 아는 계기가 되기도 한다. 부정적 에너지가 해소되면 유대의 강도는 세진다. 인간관계에서 정서적인 것과 감정의 표현은 매우 중요하다. 하지만 자신의 감정은 스스로 책임져야 한다는 점도 반드시 알아야 한다.

자신이 느끼는 사랑과 분노를 거부하지 말자. 이를 진실하게 표현하며 더 나은 생존 방법을 찾아야 한다. 자신의 부정적인 감정까지 받아들일 때 자기를 진정으로 사랑하게 된다.

자신을 관찰해야 하는 이유

20세기 인도 철학자 지두 크리슈나무르티Jiddu Krishnamurti는 이렇게 말했다.

"알아차림은 시작이자 끝이다!"

'알아차림'이 모든 이해의 근본이라는 뜻이다. 알아차림은 감정을 느끼는 것과 연결된다. 그러므로 아직 알아차림의 힘을 발견하지 못했다면 한 번도 알아차림을 체험하지 못했다는 의미이다. 알아차림을 경험하기 전에는 표면을 겉도는 것일 뿐 진정한 '앎'이라 할 수 없다.

우리는 모두 진짜 자신을 드러내기 두려워한다. 진짜의 나(자신)를 보호하기 위해 가짜 나(이성)로 산다. 그래야 세상에서 상처받거나 실의에 빠지더라도 진짜 '나'가 아니어서 안도할 수 있다. 이는 마치 자신이 이루지 못한 꿈을 자녀가 대신 이뤄주기를 기대하고 불의와 나쁜 환경에서 아이를 보호하려는 부모와 같다. 자기 기대를 충족시키기 위해 아이를 통제하고 단속하기 때문에 언제나 걱정을 안고 살며 조바심을 낸다. 마찬가지로 진짜 나로 살지 않으면 가짜 나를 제어해야 하므로 늘 불안하고 초조해질 수밖에 없다.

자신을 알아가는 과정에서 우리는 적의 존재도 알게 된다. 처음에는 그 적이 권력이나 사회 시스템처럼 먼 곳에 있는 존재 같다. 하지만 자신을 알면 알수록 적도 가까이 있음을 알게 된다. 나의 가족일 수도 있고 가장 친한 친구일 수도 있다. 그만큼 적은 자신과 매우 밀접한 관계로 엮여 있다는 말이다. 마지막 단계에 이르러서는 그 적이 자기 마음에 있다고 깨닫는다. 적은 나의 '본능'

적은 나의 '본능' 중 일부이며, 줄곧 외면했던 '감정'이며 '경험'이다.
이를 진심으로 끌어안아야 세상에서 당당해질 수 있다.

중 일부이며, 줄곧 외면했던 '감정'이며 '경험'이다. 이를 진심으로 끌어안아야 세상에서 당당해질 수 있다.

우리의 몸과 마음은 상호작용하며 살아간다. 사고와 행동, 정서적 측면은 모두 직간접적으로 연결되어 있다. 그래서 신체적 공격을 당하거나 정서 영역이 침입당하면 즉각 대응에 나선다. 물론 이에 반격할 줄 모르는 사람도 있다. 그들은 자신을 사랑하는 방법을 몰라 육체와 마음의 상처를 혼자 감당하는 것이다. 그리고 시간이 갈수록 그 무게감이 자신을 짓눌러 점점 무너진다. 지혜로운 사람일수록 현명하게 대처한다.

정보 수용 측면도 이와 같다. 자아가 연약한 사람은 어떠한 정보가 들어오면 심각한 침입이라고 받아들인다. 예민하고 민감하게 받아들여 고통과 근심에 휩싸이는 것이다. 책도 읽지 못하고 체계적으로 지식을 흡수하지도 못한다. 결국, 사고의 성장을 스스로 멈춰버린다. 하지만 이 또한 자기 보호의 하나의 방법이다. 많은 정보가 유입되면 주체하지 못할 것을 우려하기 때문이다. 자신이 붕괴될지 모른다는 두려움에서 자신을 보호하려는 것이다.

스스로 자신을 자세히 관찰해보자. 내가 정보에 '침몰'하는 중은 아닌지, 만약 정보가 감당할 양을 초과하면 유용한 정보보다 불필요한 정보에 시간과 힘을 쓰게 된다. 모든 정보가 자신과 관련 있는 것처럼 느껴지지만 이는 착각이다. 모든 정보를 다 수용할 필요는 없다.

홍수처럼 쏟아지는 정보의 더미를 어떻게 받아들이는가에 따라 인생의 방향이 달라진다. 수동적으로 침몰할 것인지, 능동적으로 대처하고 선택할 것인지, 이에 대한 정답은 없지만 바람직한 방법은 있다. 정보가 유입되는 시간과 공간을 자신이 적절하고 자유롭게 조절할 수 있다면 'something more than yourself(자기 자신 이상의 것)'를 느낄 수 있다. 이는 더할 나위 없는 기쁨이다.

자기 삶을
하나의 이미지로 만들어 보자

우리에게는 두 가지 사고 체계가 있다. 이미지인 1차원적 사고와 기호(문자)를 이용하는 2차원적 사고이다. 1차원적 사고는 이미지를 연상하는 화면방식으로 이루어진다. '사진기 기억력'을 가진 아이들은 뭔가를 보면 완벽하게 기억해낸다. 창의력이 이와 밀접한 관련이 있어 아인슈타인도 1차원 사고방식을 사용해 상대성 이론을 생각해냈다고 한다.

2차원적 사고는 기호(문자) 체계이다. 모든 존재를 기호로 대신한다. 기호에 원래 정보를 일부 남기거나(상형문자) 원래 정보와는 거리가 먼 부호(표의문자)가 사용된다. 이는 보기에 따라 정보를 심각하게 손상한 것 같지만 부호 체계를 통해 세상을 넓게 바라볼 수 있다는 장점이 있다. 모든 것을 수용하고 드러낼 수 있기에 누구나 관심 영역을 깊이 탐구할 수 있다.

우리의 사고는 감정과 진실에서 벗어날 수 없다. 그랬다가는 원천이 말라버린 물처럼 공허한 상태가 될 것이다. 이때는 학습과 모방만 가능하다. 새로운 것을 창조해내지 못한다. 창조는 세계와 본능의 사이를 여행하며 이루어지는데 감성이 말라버린 곳에서는 자유로운 상상이 어렵기 때문이다.

상상 속에서 정확한 방식으로 테니스를 치면 실전 훈련보다 좋은 효과를 낸다는 연구 결과가 있다. 실전 훈련에서는 동작이 자기 습관을 답습하지만, 상상에서는 이런 문제를 피한다는 것이다. 이를 비전에 대입해보자. '비전'을 상상하며 하나의 '이미지'를 떠올려보라. 목표가 당신의 속마음에서 나온 것이라면 열정, 동력, 내재적 만족감이 하나의 이미지로 전달될 것이다. 만약 목표가 경쟁적인 관계에서 세워졌다면 열정은 있으나 감정이 작동되지 않아 매우 힘들게 자기 동력을 끌어내야 한다. 그로 인해 즐

자기 비전에 대한 시각적 이미지가 모호하다면
상상하는 법을 연습하자.
추상적 이미지를 구체화시켜 나가는 것이다.

거움이 없는 목표가 되고 만다.

자기 비전에 대한 시각적 이미지가 모호하다면 상상하는 법을 연습하자. 추상적 이미지를 구체화시켜 나가는 것이다. 상상은 공상이 아니라 처음부터 섬세하게 어떤 화면을 그려내기 쉽지 않다. 상상이 자기 마음에서 형성된 논리에 부합하지 않으면 특히 더 어렵다. 서두르지 말고 연계성을 찾아 차근차근 진행해나가면 이미지로 형상화된 자신의 비전을 볼 수 있을 것이다.

사고의 확장성은 자신도 모르는 사이에 시각적 이미지로 삶을 외재화시킨다. 물론 절대적이지는 않다. 자신의 이미지가 다른 사람의 영향권에 들어간다면 순수하게 진행되지는 않는다. 예를 들어, 나는 글쓰기와 여행, 사진 촬영에 확실한 비전을 갖고 있다. 하지만 회사를 설립하고 운영하는 일은 의식적인 측면의 목표라 진정한 비전을 보지 못했다. 그래서 나는 사업에 비전이 있는 다른 사람과 협력했다. 그 결과 상생작용이 일어나 아주 흥미롭게 일할 수 있었다.

심리 상담에 형상, 이미지와 동의어인 ‘의상意象’이라는 전문 용어가 있다. 꿈이나 잠재의식을 탐색할 때 활용되는 시각적 이미지를 일컫는다. 그림 치료나 최면 치료에도 이용되는데 그만큼 사람은 내면에 지닌 의상의 영향을 받는다는 것이다. 그러므로 자신의 ‘의상’을 이해하는 것은 자기 인생의 은유를 해독하는 것과 같다.

상상을 현실로 완성해 갈 때
만족이 따른다

우리는 상상의 나래를 펼쳐 현실적으로는 충족될 수 없는 일을 상상으로 이루고자 한다. 그러기에 상상은 무한대로 확장해나갈 수 있다. 현실에서 벗어나 위안과 희망을 주기도 한다. 때로는 상상에서 에너지를 얻기도 하는데, 이때 상상의 힘은 창조력으로 전환되어 현실로 발현된다. 상상력이 발휘하는 효과에 따라 삶의 모습이 달라질 수 있다는 것이다. 하지만 허망한 꿈은 삶의 동력이 되지 못한다. 상상에 그칠 뿐 더 나아가지 못하고 허무함만 안길 수 있다. 그런데도 상상 속 모습을 현실의 나에게 강요한다면 편집적 폭력이 될 수 있다.

사람은 유아기 시절부터 실망이나 절망 상태에서 '상상'으로 위로한다는 연구가 있다. 고통의 순간을 이겨낼 수단으로 상상이라는 방법을 찾는 것이다. 성장 단계에서도 마찬가지다. 상상은 위안이나 힘이 되어 준다. 우리도 상상하며 대리 만족하지 않는가. 그런데 현실에서 벗어난 상상은 불필요한 새장과 같다. 그 안에 안주하려는 경향까지 보인다. 현실에 근거한 상상만이 삶의 가능성을 연다.

자신의 비전과 일맥상통하는 상상이라면 상상만으로 끝내지 말자. 현실에서 완성해야 한다. 차일피일 미루거나 언젠가 하겠다고 제쳐두어서도 안 된다. 상상이 물 흐르듯 흘러 멀리 가버리고 만다. 인류 역사상 상상에서 착안된 위대한 성과를 되짚어보자. 그 변화의 중심에 당신이 설 수 있다. 상상은 시간적·공간적 거리가 현실에서 동떨어진 것 같지만 자신을 진정으로 만족시킬 중요한 단서인 경우가 많다.

머리를 내려놓고
몸을 믿어라

생각이 한순간도 멈추지 않는다면 '방어기제'가 작동한 것이다. 자기 존재감이 흔들리지 않도록 꼬리에 꼬리를 무는 생각으로 자신을 방어한다. 책을 읽는 이 순간도 생각으로 평온해질 수 없다면 자신에게 물어보자.

'지금 무엇을 방어하고 있는가?'

누군가에게 왜 생각을 하느냐고 물으면 대부분 답을 찾기 위해서라고 한다. 어떤 문제가 생기면 답을 찾기 위해 생각하고, 그 답이 또 새로운 문제를 부르면 다시 답을 찾기 위해 생각한다. 이렇게 끊임없이 반복한다. 생각으로 생각에 답하는 방법을 사용하지 않으면 사고에 틈이 생겨 내면의 존재가 자연스럽게 드러난다. 그러면 약하고 부족한 자기 존재가 세상에 선보이는 것이 두려워 또다시 생각한다. 이렇게 생각할수록 방어기제는 더욱 강력해진다.

현실(관계)에 자신을 충분히 드러내지 못하면 머릿속(상상)은 위축된다. 이로 말미암아 내적 갈등이 일어난다. 이때 이성적 사고는 해결 가능성을 추리하고 연습하며 현실에서 충돌과 소모를 줄이고자 최선을 다한다. 다만, 이 과정이 순조로운 것만은 아니다. 문제 해결의 실마리를 찾아야 하지만 뒤엉킨 실타래는 풀리지 않고 사고의 혼란만 초래한다.

사람에 따라 대응하는 방법도 다르다. 어떤 사람은 중대한 일이라도 침착하게 시간을 관리하면서 밥 먹고 잠자고 놀면서 즐긴다. 고민이 자신의 일상 중 일부만 차지하도록 조율하는 것이다. 하지만 어떤 사람은 완전히 점령당한다. 머리와 마음이 온통 그 일로 가득 차 다른 일을 제대로 수용하지 못한다. 밥도 먹지 못하고 잠도 자지 못한다. 더 심각한 사람은 중대한 일이든 사소한 일이든 상관없이 온갖 생각으로 멘탈이 붕괴되기도 한다.

자기 생각과 감정을 통제하자. 아무리 어려운 일이라도 적절한 시간 안에 효율적으로 처리하도록 정리해야 한다. 물론 중대한 일에 침몰당하거나 장악당할 때도 있다. 하지만 강한 심리적 압박에도 매일 30분 정도는 편안하게 누군가를 만나거나 쉬어 보자. 중대한 일일수록 완전히 점령당하지 않고, 문제나 고민도 생활의 한 부분이라는 생각이 있어야 여유가 깃든다. 거리를 두고 생각해보거나 자유롭고 분리된 시간을 가져야 지혜도 발휘될 수 있다.

여기에 더해 계획을 세워 일하는 습관을 들이면 좋다. 반드시 해야 하는 일이라면 언제 할 것인지, 어느 정도 시간을 할애할 것인지 미리 정해두자. 이런 결심이나 습관이 없다면 매일 의식적으로든 무의식적으로든 그 일만 염려하게 된다. 해야 할 일에 적절한 시간을 안배하면 무의미하고 쓸데없는 생각이 멈춘다.

자기 생각과 감정을 통제하자.
아무리 어려운 일이라도 적절한 시간 안에
효율적으로 처리하도록 정리해야 한다.

늘 시간이 부족하다고 느끼는가? 심도 있게 일을 진행하지 못한다면 당신의 일상은 '수면에 뜬' 상태가 될 것이다. 일과 생활에 피로를 느껴 깊게 고민하고 싶지가 않다. 그래서 시간을 헛되이 보내거나 인터넷 서핑을 하며 '수면 위에 떠 있고' 싶어 한다. 스스로 위안하며 이렇게 말해보자.

'나는 주도적으로 일과 시간을 선택하고 있다!'

일과 생활이 유기적으로 관계를 맺을 때 효율이 올라간다. 더불어 활용할 시간도 많아진다. 자신이 원하지 않는 것, 불필요한 것을 잘라내야 주도적으로 선택한 일과를 즐길 수 있다. 삶의 만족도 여기에서 나온다. 자신이 원하는 결과를 포상으로 받기 때문이다.

몸과 마음이 하나가 되면 상쾌해진다. 사고와 감정이 하나라는 의미로 스스로 뿌듯함을 느끼며 일을 즐길 수 있다. 숙면한 후 머리가 맑아지고 개운한 느낌을 떠올려보자.

수면은 '씻어내는' 기능을 발휘한다. 잠에서 깼을 때 여전히 피곤하다면 육체적 휴식을 취했지만 몸의 피로가 아닌 마음의 피로가 쌓인 것이다. 마음의 피로는 생각의 잔여물로 남겨 끊임없이 사고하게 만든다. 당장 그 작용을 멈춰야 숙면할 수 있다.

숙면의 방해물들은 독립적인 생명을 가지고 있다. 집요하게 물고 늘어지며 당신을 괴롭힌다. 그것들은 스스로 소멸하지 않으니 나의 생각을 전환해야 한다. 지금 하는 걱정이나 우려가 지금 당장 해결해야 하는 문제가 아니라면 '그 일은 여기에서 끝내자. 내일 아침에 다시 생각하자.'라고 스스로 최면을 걸자. 숙면해야만 몸의 의식적 활동과 사고의 활동이 멈추며 심신을 안정시킬 수 있다. 바로 이것이 당신 생명의 자양분이다.

오랜 기간 생각했지만 별다른 결과물이 없다면 단호하게 결정하자. 여러 문제가 뒤엉킨 일은 당신의 에너지만 소모시킬 뿐이다. 이제는 그것들은 내려놓고 종료해라. 그래야만 나의 활력이 시원하게 표출된다. 이를 위해 다음을 실천해보자.

첫째, 하고 싶은 일이라면 현실에서 추구하고 관계에서 체험하자.

둘째, 하고 싶지 않다면 과감하게 끝내라.

셋째, 어떻게 하든 결과가 크게 다르지 않다면 선택을 미루지 마라.

넷째, 저효율적이면서 필요 없는 문제로 고민하지 마라.

개인의 생활 습관에는 순환 체계가 있다. 자신에게 맞는 체계대로 움직이며 에너지를 공급받자. 무분별하게 에너지를 소모해서는 안 된다. 자신의 인격 수준에 따라 에너지를 수용할 능력이 달라진다. 자신에게 맞는 목표를 지향하면 에너지를 승화시킬 수 있다. 즐거운 근심으로 자신이 가진 에너지를 불태우면 자신만의 에너지 효율이 발휘된다.

성실하지 못한 친구를 가지는 것보다
차라리 적을 가지는 편이 낫다.
세익스피어

PART 2

성장

DEVELOPMENT

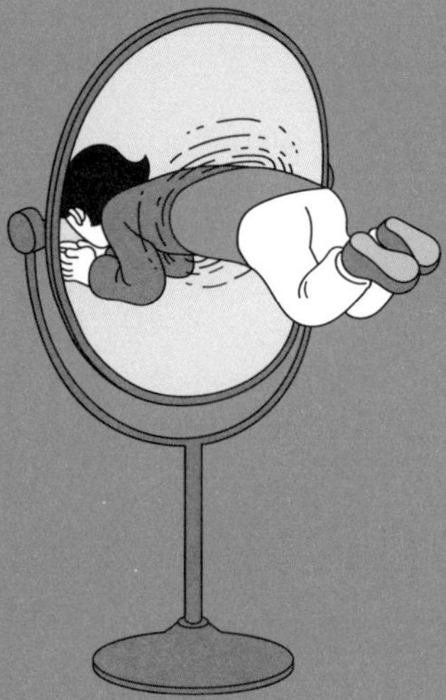

I DECIDED TO

CHANGE MYSELF

진짜 자아와 가짜 자아란 무엇일까?

진짜 자아는 자기감정을 중심으로 형성되고,

가짜 자아는 타인의 감정을 중심으로 형성된다.

자아의 껍데기는 견고할수록 좋다

자아는 물을 담고 있는 용기容器와 같다. 다만, 용기를 단순히 '껍데기'로만 이해해서는 안 된다. 자신의 생명력을 보호하는 안식처이자 가정과 같다. 자신을 보호하는 동시에 그 자체로도 존립하는 존재라는 말이다.

자아 탐구를 위한 투사 테스트가 있다. 최소한 한 명의 사람과 집 한 채, 나무 한 그루를 그리되, 그리고 싶은 대로 마음대로 그리게 한다. 이 테스트에 참여한 한 여성의 집에는 창문만 있고 문이 없었다. 이는 다른 사람이 그녀의 마음에 들어오지 못한다는 의미로 해석된다. 실제로 그녀는 누구도 자기 내면에 들인 적이 없다고 했다. 또 다른 인상적인 그림은 허물어져 가는 집에 나무가 톱으로 잘려 있었다. 아이가 그린 그림이었는데, 그 아이에겐 매우 폭력적인 아버지가 있었다. 잘린 나무는 파괴된 아이의 생명력을, 허물어져 가는 집은 아버지의 폭력으로 안전한 공간을 만들 수 없음을 의미한다.

자아가 최초로 형성될 때는 자신의 가정을 내면화한다.

생각해보자. 가족의 내부 동력이 무엇인가? 부모나 형제자매가 당신을 어떻게 대했는가? 가족이 외부 세계를 어떻게 대했는가? 부모가 가정을 잘 보호하고 있는가? 부모가 내향적인 경우에는 자녀의 자아를 보호하는 용기가 되어 생명력이 막힘없이 흐르게 해준다. 부모가 외향적인 경우에는 힘 있게 가정을 보호하며 집에 찾아오는 손님을 환영한다. 두 가정 모두 바람직하고 이상적인 가정이다. 그 안에서 자란 아이는 가정의 분위기와 추구하는 가치에 따라 그 이미지를 자아에 내면화한다. 그리고 자아를 토대로 자유롭게 성장해나가는 것이다.

자아를 집이라고 상상해보자. 나는 '왼쪽엔 숲이 있고, 오른쪽

엔 큰 호수가 있으며, 숲 가장자리의 작은 집'을 상상해왔다. 집의 규모는 크지 않지만 모든 것이 잘 갖춰져 있다. 호수를 둘러싼 구불구불한 길은 숲을 관통해 밖으로 이어져 있다. 현대판 은둔자의 집 같은 모습이다.

당신이 상상한 집은 어떤 모습인가? 동경하는 집은 또 어떤 모습인가? 다른 사람들이 모두 좋다고 생각하는 집보다 마음을 움직이는 집을 찾아야 한다. 당신이 지은 집에는 반드시 보호 기능이 있어야 한다. 아무나 집에 들어오게 해서는 안 된다. 잘못 들인 한 사람으로 인해 집이 엉망이 될 수도 있다. 집 안의 가장 은밀한 공간은 아무도 볼 수 없어야 한다. 이러한 집은 아무에게나 열고 보여줄 필요가 없는 당신의 '속마음'이다. 만약 너무 쉽게 마음을 열어 보이면 자아 보호 능력이 약해진다. 의식적으로 자신을 보호할 때 이런 은밀한 공간의 존재는 위안과 힘을 준다. 자신이 항상 열려 있는 사람이라고 해도 때에 따라 은밀한 공간에 수많은 비밀을 숨길 필요가 있다.

자아를 관리하며 자신이 정한 안전한 공간에서 생명력을 표출하는 연습과 훈련을 해야 한다. 선과 악, 어둠과 빛을 구분하는 연습이 필요하다. 선과 악을 구분해낸 빛으로 자신의 내재적 어둠을 밝힐 때 자아는 견고해지고 제련된 쇠붙이처럼 단단해질 것이다.

수용과 경계는
자아의 몫이다

우리 신체의 피부는 자신을 드러내는 가장 원초적인 부분이다. 표피층은 연약한 근육, 혈관과 내장을 보호해준다. 외부의 자극을 피부가 막아주는 것이다. 자아도 피부와 마찬가지로 자신을 보호한다. 각자의 피부 상태가 모두 다르듯 자아도 사람에 따라 달라진다. 어떤 사람은 나무껍질이나 돌처럼 딱딱하고 어떤 이는 매끄럽고 부드럽다.

피부와 자아가 은유화되는 구체적 의미를 알아보자. 하나는 '경계'의 의미이다. 경계가 무너지면 끊임없이 세균이나 이물질의 침입을 당한다. 상처는 물론이고 각종 피부병에 쉽게 걸린다. 이와 마찬가지로 자아의 경계는 눈에 보이지 않지만 확실한 보호

장치가 되어 자신과 타인, 자신과 사회의 경계를 구분 지어준다. 경계의 의미는 자신이 허락해야 접근 가능하다는 말이다. 그러므로 "아니요."라고 말하지 못하는 것은 자신의 경계를 지키지 못한다는 뜻이다.

다른 하나는 '친밀함'의 표현이다. 스킨십으로 친밀감을 형성해 충분한 만족감을 얻으면 영향력이 나타난다. 실제로 친밀한 신체 접촉이 부족하면 피부가 매우 거칠어진다고 한다. 교감이나 충분한 스킨십이 건강하고 즐거운 생활에 양분을 제공하는 것이다.

그렇다면 '경계'를 어떻게 세울 것인가? 이 기준은 상황이나 환경, 역할이나 책임에 따라 달라진다. 외적 요인이 작용하기도 한다. 예를 들어 동양의 문화에서 자녀는 부모의 의견을 거부하기 어렵다. 위계질서가 있는 학생과 교사, 부하직원과 상사의 관계에서도 마찬가지다. 연약한 심리를 가진 사람이라면 동등한 관계에서도 "아니요."라고 말하기가 어렵다.

공생을 강조하는 문화에서는 개인의 희생과 공동체의 이익을 강조하므로 상대에게 분리와 독립을 외치기 어렵다. 또한 희생의 강요는 심각한 경계의 침입이다. 권력이나 지위, 친분이나 관계가 주는 압박이다. "나는 당당하게 너의 경계를 넘어 침입할 것이니, 너는 이를 기꺼이 받아들여라."라는 말도 안 되는 논리이다. 이 지점에서 어떻게 대응할 것인지 고민해보자.

연약한 사람은
자신을 공격한다

불면증으로 잠들기 힘들거나, 자다가 자주 깨거나, 새벽녘에 일어나 잠을 설칠 때 자신을 둘러싼 문제가 하나둘씩 떠오르기도 한다. '그 일을 잘해내지 못한 건 나에게 여러 문제가 있기 때문이야. 난 왜 이렇게 못났을까? 내가 좀 더 나은 사람이었다면 결과를 달라졌을 텐데….'라는 생각으로 괴로움에 빠져 잠들지 못한다. 다시 강조하지만 이런 자기 비난은 무의미한 일이다.

자기 비난과 반성은 문제의 원인을 자신에게 돌리는 행위다. 다른 사람은 통제할 수 없지만 '나'는 통제할 수 있으므로 나를 변화시키면 일이 원하는 방향대로 흘러간다고 믿는다. 이처럼 문제의 원인을 자신에게서 찾는 것은 성숙하고 객관적인 시각으로 사물을 바라보려는 심리이다. 그런데 이때 상황이 원하는 대로 흘러가지 않더라도 자신을 진실하게 바라보고 지지해야 한다. 무조건 밀어붙이듯 자신에게 죄를 묻는다면 근본적 문제의 원인을 밝힐 수 없다.

무언가로 좌절하게 되었을 때도 자신에게서 원인은 찾되 집착하거나 정도를 지나쳐서는 좋지 않다. 자신의 잘못이나 문제점에 대해서는 스스로 위로하고 다른 사람의 지지를 요청하면 된다. 그리고 어쩔 수 없이 나타나는 슬픔이나 좌절은 자연스럽게 흘러가게 두어야 한다. 더불어 무엇이 원인이든 자신을 사랑해야 한다. 객관적 시선으로 외부의 문제점도 함께 찾는다면 자기 위로에 도움이 될 것이다.

어리석은 일을 저질렀더라도 자신을 공격하는 강렬한 마음을 내려놓자. 자신을 향한 가혹한 비하는 거두어라. 강렬한 자기 공격은 자아가 연약한 사람들에게 나타나는 현상이다. 그들은 마음대로 되지 않으면 너무 쉽게 자신을 공격한다. 당신의 지금의 상태가 그러하다면 자기 공격이 시작되는 시점에서 '멈춰! 이런 자기부정, 자기 공격은 안 돼.'라고 자신에게 말해야 한다.

다른 사람에 대한 격렬한 비난이나 자신에 대한 격렬한 공격(참회)은 모두 어리석은 일이다. 좌절은 연약한 자아를 파괴하며 발전할 기회를 앗아간다. 문제의 책임 회피나 책임 전가는 자기반성을 통해 막아보자. 자신의 변화를 기대한다면 '적당한' 자기반성을 동반한 진취적 사고가 필요하다.

응답을 주고받는 관계에서 자신을 발견하자

좋은 부모와 가정은 '응답'하는 그릇과 같다. 욕구, 사랑, 증오 등과 같은 아이의 활력은 모두 이 용기 안에서 자유롭게 흐르고 응답을 받는다. 시간이 지나면서 아이의 자아는 내면화되며 보호막을 형성한다. 보호막은 응답의 질에 따라 그 탄력이 결정된다. 따라서 사랑을 받지 못하고 자란 아이는 성인이 된 후 자아가 온전히 형성되지 못한 경우가 많다. 자아가 파괴되고 혼란스러운 상태에 빠져 감정이 마비된다. 이런 사람은 수렁에 빠져 발버둥 치는 것처럼 인간관계에서 엄청난 노력과 수고로움을 감수해야 한다.

자아가 파괴된 이는 자아가 해체되는 것을 막기 위해
온 정신을 집중하느라 다른 사람과 충돌이 생겼을 때
자기 반성할 여유가 없다.

자아가 제대로 형성되지 못한 이들은 자기 존재의 가치를 부인하게 된다. 스스로 자신을 인정하지 못하므로 세상에서 숨으려고만 한다. 그 결과 상대에 대한 존중과 이해가 동반되지 못해 인간관계도 단절될 수 있다.

우리는 누군가 자신을 알아봐 주고 인정해줄 때 자신 또한 자신의 몸과 마음이 보인다. 그러므로 자신의 만족스러운 부분을 세상에 조금씩 드러내 다른 이들의 관심을 유도해 보자. 사랑받은 경험이 없는 사람이라도 서서히 주위의 사랑과 관심이 스미면 자아 형성이 이루어질 수 있다.

관계 맺음은 서로의 거울이다. 먼저 다른 사람의 눈에 비친 자신을 보게 되면 비로소 자신의 존재를 느낀다. 몸과 마음이 파괴된 내담자에게 상담사가 따뜻한 그릇이 되어 공감해준다면 내담자는 상처를 극복해간다. 스스로 거울을 내면화해 자신과 다른 사람을 관찰하게 되는 것이다. 상대를 통해 자신을 더 잘 알게 된다. 연애 실패 후 자아가 파괴된 이는 자신이 토막 나는 꿈을 꾸기도 한다. 이는 현재 자신의 몸과 감정이 파괴되어 불안한 상태라는 의미이다.

자아가 파괴된 이는 자아가 해체되는 것을 막기 위해 온 정신을 집중하느라 다른 사람과 충돌이 생겼을 때 자기 반성할 여유가 없다. 상대방을 받아들이지도 못한다. 적대감에 지나치게 민감하고 자신과 다른 의견은 무조건 공격으로 간주한다. 자아를 보호하기 위해 강하게 반격하며 고집을 내세우는 것이다. 그 결과 그는 고립될 수밖에 없다.

자아가 파괴된 사람은 자아가 안정된 사람을 찾아야 한다. 반대로 자아가 안정된 사람은 자아가 파괴된 사람의 공격을 통해 굳어버린 자신의 자아를 부수고 재설정하는 과정이 필요하다.

가짜 자아로 살 것인가

영유아기 아이들에게는 부모의 성향이나 가치관이 큰 영향을 미친다. 자아 형성의 중요한 분기점에서 아이가 자기감정대로 행동하느냐, 아니면 부모의 의지와 감정에 매몰되느냐에 따라 자기 기준이 만들어지기 때문이다. 전자는 자기감정에 따라 진실한 자아(진짜 자아)를 형성할 수 있지만, 후자는 다른 사람의 감정에 따라 거짓된 자아(가짜 자아)를 형성할 확률이 높다.

아이에게 거짓된 자아가 형성되는 것은 부모의 요구나 의지를 아이에게 지나치게 강요했거나 부모 자신이 자아 세계가 무너진 상태로 아이를 대했기 때문일 수 있다. 이런 부모는 자신의 감정을 통제하지 못한다. 부정적 감정으로 자신과 가족, 아이를 모두 매몰시켜버린다. 아이는 마음을 다해 부모의 감정을 수용하고 소화하고 처리하기 위해 노력한다. 아이는 거짓된 자아로 자기감정을 돌볼 겨를이 없이 순간을 이겨내려 한다. 이후 본능적으로 타인에게 순종하며 타인을 지나치게 배려하고 의도적으로 자신을 낮춘다. 이는 타인의 감정을 중심으로 움직이게 되는 것이다.

현재를 사는 지혜는 나와 주변의 존재가 완전하게 연결되었을 때 나온다. 자아를 잃은 사람은 현재를 살아내기 어렵다. 대립하고 거부하며 심할 경우 '이중 속박'에 빠질 수 있다. 그로 인해 어디에도 속하지 못하고 A에서 벗어나 −A에 이르지도 못한다. 늘 불안하고 어떤 상황에도 만족하지 못한다. 자신의 자유의지는 무조건 틀렸고 그 어떠한 위치도 선택할 수 없다.

이중 속박은 사신에게 쫓기는 형국이다. 늘 도망치며 어느 곳에서도 머물 수 없어 헤매게 된다. 정착하면 사신이 잡아 공격하고 죽일 수 있다는 공포에 휩싸인다. 말로 설명하기 어려운 감정으로 안정을 이룰 수 없어 삶에 전전긍긍하게 되는 요인이 되는

현재를 사는 지혜는
나와 주변의 존재가 완전하게 연결되었을 때 나온다.
자아를 잃은 사람은 현재를 살아내기 어렵다.

것이다. 그러므로 자녀를 양육할 때 절대 강압하거나 강제해서는 안 된다. 아이가 자유롭게 선택할 수 있도록 격려해야 한다. 자발성을 존중하되 함부로 벌을 주어서는 안 된다. 벌이 내려지는 순간 자발적인 선택을 부정하게 된다.

우리는 완벽한 선택을 할 수 없다. 어떤 선택에도 반드시 잘못된 부분이 있다. 그런데도 부모는 자녀의 선택을 매우 엄하게 통제한다. 자녀의 선택을 다각도에서 통제하면서도 책임은 지지 않는다. 이로써 모든 잘못은 아이에게 돌아간다. 만약 부모에게 통제의 책임이 따른다면 그들은 즉시 자녀 통제에서 손을 뗄 것이다.

사람들은 자신의 어떤 행위에서 자발성이 빠지면 자기 참모습과 진의를 고민한다. 가짜 자아로 사는 모습에 힘들어한다. 따라서 가짜 자아에 통제당하지 않기 위해 무질서하고 효율이 낮아 보이는 일들(미루기·지각·기억력·후퇴 등)을 하게 된다.

어른이든 아이든 자기감정을 온전히 표출할 때 살아 있다는 존재감을 느낀다. 자기감정을 중심으로 자아를 구축하고 다른 사람의 감정을 배려하는 사람이 높은 EQ를 갖는다. 비교적 완벽한 인격을 갖춘 인물이 되는 것이다.

집단이 주는
안정감에 속지 마라

집단주의는 집단적 자아만을 허용한다. 모든 개개인의 개성을 없애야 완벽한 공동체가 된다고 믿는 것이다. 따라서 개인의 개성은 공동체의 적으로 받아들여 자기만의 개성으로 눈에 띄려는 자들을 미워하고 공격한다. 개성적 자아는 집단적 자아에 도전이고 배신이기 때문이다.

개성화된 자아가 형성되지 않은 사람은 혼자 있을 때 자신이 파괴되었다고 느낀다. 그들은 반드시 '우리'라는 집단에 속해 안정감을 느끼려고 한다. 그들은 집단적인 자아에 속하면 전투력이 강해지고 도덕적 수준도 매우 높아진다. '우리'를 지키기 위해 '우리'를 와해시키는 개성화를 강하게 배척하고 같은 목표를 가지고 하나로 행동해야 한다고 믿는다.

집단 안에서 개성과 이기심이 하나둘 표출되면 '우리'는 각각의 '나'로 흩어진다. 이때 개개인의 '나'는 더 이상 '우리'를 지킬 필요가 없으므로 집단의 도덕 수준은 심각하게 떨어진다.

'우리'에서 분리되어 나온 '나'는 '다른 사람'과 또 다른 집단적 자아를 구성하려 한다. 새로운 집단을 형성한 뒤에야 도덕적 수준이 생기지만 집단 와해의 경험을 알기에 안정을 찾지는 못한다. 반면 개성적 자아발전 수준이 높은 사람은 집단주의 아래에선 쉽게 가루가 되어버린다. 그런데도 개성화된 자아로 비교적 안정적인 도덕적 수준을 유지한다.

《맹신자들》의 저자 에릭 호퍼는 "인간 사회의 거대한 변화가 집단주의 운동으로 추진되었다."라고 말했다. 또한 "좋은 집단주의 운동은 집단의 주장을 개인의 이익 위에 놓아선 안 되며, 어떠한 명분으로도 개인의 권익을 침해해서는 안 된다."라고 강조했다. 영국의 철학자 러셀Bertrand Russel은 "서로 다른 다양한 모습이 곧 행복의 근원임을 알아야 한다."라고 말했다.

서로 다른 모습은 개성이다. 개인은 자신이 바라는 대로 자유롭게 인생을 펼치며 추구하는 삶을 살아야 한다. 다른 사람에게 해를 끼치지 않는 선에서 진정한 '나'로 살 자유가 있다. 다른 사람이나 공동체의 일원보다 진정한 '나'로서 살아야 한다.

감정은 살아 있음의 증거이다

발가벗고 있는 자신의 모습을 꿈속에서 본다면 이는 남들이 모르는 자기 수치심을 나타낸다고 할 수 있다. 나는 자주 발가벗은 상태로 회사나 학교에 가거나 회의에 참석하는 꿈을 십여 년 동안 꾸었다. 이런 꿈을 이야기하면 쉽게 성性적인 요소를 떠올릴 수도 있겠지만 이는 진짜 자기를 드러내는 수치심을 의미한다.

더 나아가 니체가 말한 '진짜 자기'와 '거짓된 자기'에 담긴 의미를 알아보자.

자기self는 완벽한 의미의 '나'이다. 자아ego는 머릿속 자신을 뜻한다. 만약 '나'를 명확하게 몸과 머리의 통합체로 인식한다면 이것이 진짜 자기이다. 이성적인 사고만이 '나'라고 인정하면 이는 곧 거짓 자아이다. 간단히 말해 몸(본능)에서 벗어난 자기는 거짓이다. '몸'을 수치스럽다고 생각하는 것이 곧 '나체의 꿈'에 대한 직관적 해석이기 때문이다.

"본능을 잃으면 많은 것을 잃는 것이고, 야성을 잃으면 모든 것을 잃는 것이다."라는 말이 있다. 사람이 너무 철이 들고, 교양이 생기면 문명의 틀 안에서 자신의 몸을 잃어버린 것과 같다. 이때 큰 결함이 발생하는데 진짜 자기와 끊어진 몸은 생명의 동력인 '자기애, 성, 공격성'이 훼손된 채 행동할 수 있다.

사람이 거짓된 자아를 형성하는 때는 자기 생명의 동력을 발휘하지만(인간관계에서 중요한 타인이 봐주길 갈망할 때), 아무도 반응해주지 않았던 경험이 수치심으로 바뀌기 때문이다. 다시 이런 경험을 하고 싶지 않아 진짜 자기를 숨긴다. 잠재의식에는 강렬한 동력이 있지만 '아무도 봐주지 않은 진짜 자기(몸)'는 수치심으로 가득 차 겁내는 것이다.

사람이 견디기 어려워하는 감정 중 하나가 '수치심'이다. 누군가에게 잘해주었는데 상대가 이를 이용하고 모욕했다면 그 상처는 생각보다 깊다. 그런데 이때 제대로 반격하거나 자신을 보호하지 못했다면 그러한 자신에게 실망하고 분노한다. 동시에 자신의 어리석음을 탓하며 원망한다. 이런 심리를 해소하지 못하면 자아는 어둠에 함몰되는 것이다. 어둠이 자신을 보호한다는 믿음 때문이다.

이런 심리를 해소하려면 자아를 강화해야 한다. 사랑하고 싶다면 열심히 사랑하고, 미워해야 한다면 독하게 미워하고, 복수하고 싶다면 자신을 잘 보호할 수 있다는 전제하에 모든 지혜를 동원해 자신을 단련해야 한다. 자기 의지를 잘 알아차리고 모든 것을 바르게 인식할 때 가능하다. 어쨌든 자아가 강화되면 사는 데 득이 된다.

감정은 살아 있음의 증거이다. 감정이 억압받을 때, 우리는 다른 사람을 찾아 공감을 구한다. 그러나 그의 조언대로 자기감정

머리가 만들어낸 '나'는 '~을 해야 한다'라고 다짐하지 마라.
이 개념으로 자신의 세계를 만들어가고 있다면
거짓된 세계에서 살고 있을 가능성이 크다.

을 조정한다면 거짓된 자아가 형성될 수 있다. 자기감정에 공감하고 동의하는 상대의 의견에 자극을 받는 것이다. 이때 자기감정을 되찾지 않으면 모순적 관계에서 자아를 상실할 수도 있다. 자신의 느낌을 멀리하고 이성적 사고에만 의존하면 어떻게 판단하느냐에 따라 다르게 반응한다. 판단할 때 핵심 요소가 빠져 있으면 논리가 아무리 완벽해도 오판할 수 있다.

우리는 이성을 더 신뢰한다. 감성과 감정은 편협해지기 쉽다고 여기기 때문이다. 분위기와 기분에 따라 변화한다고 여긴다. 현장에서 느껴지는 에너지와 상대의 영향력에 따라 다른 판단과 결정을 자기 의지와 다른 결론에 이를 수 있다는 것이다. 하지만 이성 또한 안개를 만들어 감정과 감각을 흐릿하게 만들 수도 있다. 그리고 이성이 만들어낸 '진실'을 '진리'라고 믿게 만든다. 매우 합리적이고 정확한 판단을 내렸다고 단정한다. 그러나 몸과 감정을 무시한 채 이성만 자아라고 생각하면 가짜 자기로 살 수 있다. 이런 사람은 고독하다. 자기만 사랑하고 거짓된 것들로 주변이 채워지기 때문이다.

머리가 만들어낸 '나'는 '~을 해야 한다'라고 다짐하지 마라. 이 개념으로 자신의 세계를 만들어가고 있다면 거짓된 세계에서 살고 있을 가능성이 크다. 그들은 쉽게 짜증낸다. 현실의 자극이 자신의 이성적 범위에서 벗어나 통제할 수 없기 때문이다. 그만큼 미성숙하다는 증거이다.

가짜 자아는
존재감을 형성할 수 없다

우리는 자신의 존재감을 확신하면 안정감을 갖는다. 자신이 무엇을 추구하는지 알고 자기 관점을 분명하게 이해하기 때문이다. 이는 타인과의 불협화음에서 양보하거나 배려할 지점을 깨닫게 한다. 더불어 갈등의 지점에서 상대에게 자신의 의견이나 의중을 바르게 이해시킬 수 있다. 반대로 어느 곳에서도 자기 존재감을 느끼지 못한다면 불안해한다. 항상 주변 사람이 자신을 어떻게 생각하는지 신경이 쓰이고 타인의 감정에 기생하면서 끝없는 고통에 휩싸인다. 모든 상황이 자신을 옭아매 괴롭히는 대상이 되어버리는 것이다. 그로 인해 자기 존재감은 소멸한다.

또한 자신을 향한 사랑과 존재감이 부족하면 다른 사람이 자신을 어떻게 바라보는지 예민해진다. 자녀가 부모를 떠나지 못하고 인정을 바라는 것과 같다. 이렇게 되면 진정한 자기 자존감은 성취되지 못한다. 존재감의 최초의 근원은 '사랑'이다. 따라서 진정한 '나'를 찾아야 한다. 가짜 자아가 아무리 완벽해도 존재감으로 치환될 수는 없다. 가짜 자아로 관계를 맺는 사람은 자신도 가짜이고, 자신이 만든 관계도 가짜라고 생각해 관계를 파괴하려 든다.

관계에서 나와 너는 서로의 거울이 되어 준다. 나는 너에게 비친 내가 좋은 사람이길 바란다. 상대의 비위를 맞추거나 성性, 권력, 의존의 방식으로 너를 유혹하는 이유이다. 한편으론 이를 통해 원하는 것을 얻을지라도 상대의 마음이 가짜가 아닌지 계속 의심하게 된다. 자신이 가짜의 모습으로 상대를 대했기 때문이다. 물론 진짜 자아와 가짜 자아가 절대적인 것이 아니다. 이분법적으로 완벽하게 가를 수는 없다. 가짜 자아라고 인식하는 모습이 진짜 자아의 모습일 수도 있다. 또한 진심으로 진짜 감정을 쏟

진짜 나의 모습으로 용감하게 관계를 맺어야 한다.
인내심을 가지고 상대에게 자유를 주며
자발적인 반응을 신뢰해야 한다.

지만 형식적인 것일 수도 있다.

진짜 나의 모습으로 용감하게 관계를 맺어야 한다. 인내심을 가지고 상대에게 자유를 주며 자발적인 반응을 신뢰해야 한다. 억지나 강제, 강압이나 권위에 의한 관계는 표면적이면서 언제 무너질지 모르는 빙벽일 뿐이다. 오직너와 나의 자발적인 반응만이 깊은 유대로 발전된다.

타인에게
자신의 일부를 내주고 싶은가

자신에 대해 정확하게 정의할 수 있는가? 자신을 깊이 들여다볼 거울이 필요하다. 일반적인 거울은 겉모습을 보여주지만 심리적 거울은 자신이 누구인지 정의해준다. 거울에는 양면성이 있어서 기분과 감정에 따라 다르게 비추기도 한다. 우리는 부정적인 거울을 멀리하고 긍정적인 거울을 찾아야 한다. 더 중요한 것은 거울이 정의한 자신을 인식한 뒤 그것을 깨뜨려 자유를 얻어야 한다는 점이다.

실연, 실직, 이혼과 같은 인생의 좌절은 우리를 고통스럽게 만든다. '내가 못났기 때문에 이런 일이 일어난 것'이라고 실패의 원인을 자신에게 돌린다. 고통이 가중되는 실패나 좌절의 원인을 자기에게서 찾는 행동만 멈춰도 AQAdversity Quotient(역경지수: 역경에 굴하지 않고 목표를 성취하는 능력)는 크게 높아진다. 물론 AQ가 높은 사람도 내적 원인을 찾지만, 사실에 근거해 옳고 그름을 따질 뿐 절대 자신을 부정하지 않는다.

이때 외부 평가를 민감하게 받아들이면 혼란에 빠질 수 있다. 어떤 평가가 자신에 대한 정확한 판단인지 알 수 없기 때문이다. 자아가 연약하면 모든 평가에 신경을 곤두세우게 마련이다. 따라서 평가자에게 무언가를 베풀고 양보하며 좋게 평가해주길 바란다. 그로 인해 자기 의지보다 상대의 반응에 예민해지고 집중할 수밖에 없다.

자아가 성숙하지 못하면 외부 정보가 내면의 소리와 힘겨루기를 한다. 이를 어떻게 처리하고 변환할지 모른 채 심각한 자기애에 빠지는 것이다. 자아가 곧 세상이고, 세상이 곧 자신이라고 믿는다. 세상을 원망하며 외부의 평가 자체를 인정하지 않는 것이다.

그러므로 자신의 행동과 사고를 누군가 조종하려 드는지 살펴야 한다. 마찬가지로 자신이 상대에게 절대적 복종을 요구하는지도 굽어봐야 한다. 자기 말에 따르지 않는다고 분노하고 두고 보자는 식으로 견제하는 경우가 생각보다 많다. 직위나 상황에 따라 어쩔 수 없이 이런 상황을 유지해야 한다면 상대에게 숨 쉴 공간을 마련해줘야 한다. 그렇지 않으면 극도의 긴장 관계에서 부지불식간 격렬한 분노를 폭발시키기 쉽다.

민감하게 반응하는 유형에는 두 종류가 있다. 하나는 민감하게 인식하지만 자아가 흔들리지는 않는다. 또 다른 하나는 상대의 태도에 따라 내면이 동요하는 유형이다. 후자의 사람들은 언제나 다른 사람의 거울에 자신을 비춰본다. 특히 부정적인 반응에 더 많은 관심을 기울이고 늘 불안해한다. 심리적 맷집이 제대로 형성되지 않아 상대가 기침하거나 눈만 찌푸려도 두려움에 떤다. 자신의 의견과 요구가 잘못되었기 때문에 상대의 심기를 불편하게 만들었다고 여기는 것이다. 두려움에 떨기 전에 상대가 자신

우리는 상대의 반응에 따라 자기 존재 가치를 판단한다.
상대의 반응이 좋으면 자기 존재에 긍정의 영향력이 미치고,
나쁜 반응을 얻으면 자책한다.

을 비출 만한 좋은 거울인지 먼저 확인해보자.

우리는 상대의 반응에 따라 자기 존재 가치를 판단한다. 상대의 반응이 좋으면 자기 존재에 긍정의 영향력이 미치고, 나쁜 반응을 얻으면 자책한다. 아무 반응도 얻지 못하면 자신의 존재감을 잃는다. 그러므로 정확하고 객관적이면서 수용적인 좋은 거울을 찾아야 한다. 자신을 위해 사소한 일에도 긍정적인 평가로 '당신은 좋은 사람'이라고 말해주는 거울이 필요하다.

고지는
정복당하기 위해 존재한다

'목표 증후군'이라는 게 있다. 자신의 모든 시간을 목표로 가득 채우며 끊임없이 목표 수립과 달성 사이에서 고통받는 증상이다. 이 증후군에 시달리는 사람들은 적대 세력이 자신의 목표를 공격한다고 걱정한다. 핵심 자아가 없기에 '내가 세운 목표가 곧 나이고, 내가 곧 목표이다. 목표를 공격하는 적대 세력의 근원은 나의 적이고, 반드시 그들과 전쟁을 치러야 한다.'라고 생각한다. 목표가 정해지면 반드시 달성되어야 한다. 그렇지 않으면 자아가 죽는 것이라 여긴다. 이런 사람들은 끊임없이 자신을 증명하기 위해 언제나 근심에 가득 차 있다. 목표가 흔들리거나 세워지지 않으면 그들은 근심에 싸인다.

자신이 직면한 현실을 바로 보면 목표를 향한 과정을 즐길 수 있다.
생각지도 못한 풍부하고 충만한 감정을 경험하며
진정한 삶이자 살아 있다는 감흥을 터득하게 된다.

근심 안에는 다른 사람이 존재하지 않고 보이지도 않는다. 오직 자신뿐이다. 타인을 곁에 두지 않으며 타인의 선의도 인지하지 못한다. 목표를 위해 늘 싸우고 방어하느라 계속 긴장 상태를 유지한다. 자신의 목표는 세상에서 긍정적인 반응을 얻어야 하고 반드시 실현해야 하는 대상이므로 긴장 상태를 유지한다. 그렇지 않으면 악마가 악의를 가지고 자신을 대하는 것이라고 여긴다. 이 악마 또한 자신이 만들어낸 것이다. 목표를 방해하는 것에 대한 자기애적 분노이다. 내면에서 작용하는 악마이지만 외부 세계의 적대감까지 부른다. 적대 세력과 공존할 수 없으므로 그들은 외부 세계의 적대 세력과 전쟁을 치를 뿐 아니라 어떤 관계를 맺을 용기도 내지 못한다.

자신이 직면한 현실을 바로 보면 목표를 향한 과정을 즐길 수 있다. 생각지도 못한 풍부하고 충만한 감정을 경험하며 진정한 삶이자 살아 있다는 감흥을 터득하게 된다. 더불어 타인의 선의를 인지해야 한다. 다른 사람에게 사랑받고 받아들여지는 느낌을 느껴야 자신도 상대방을 수용할 수 있다. 현재를 살아가는 비결이며 유대감을 확장해 목표에 도달하는 방법이다.

목표를 세우되 자신에게 주어진 시간과 공간을 '즐기는 과정'을 경험해보자. 관계를 즐기고 주변과 관계를 잘 맺는다면 삶의 과정이 매우 흥미로워질 것이다.

환경의 응답기보다
능동적인 창조자가 되자

관계에서 당신은 '환경에 따른 응답기'인가, 아니면 '능동적인 창조자'인가? 환경에 따른 응답기란 자기 행동이 상대의 의중에 대한 대답이라는 뜻이다. 이들은 상대가 내게 잘해주면 나도 잘해주고, 그렇지 않으면 잘해주지 않는다. 자기 소리에는 누군가 반드시 선의로 응답해야 하며 그렇지 않으면 수치심을 느껴 분노한다. 불만을 품고 상대를 점점 멀리한다.

반면, 능동적인 창조자는 명확한 의지로 행동한다. 자신이 어떤 소리를 냈을 때 원하는 반응을 얻지 못했더라도 자신이 원하는 방향으로 관계를 발전시켜 나간다. 역사적 사건이나 기록 또는 여러 러브스토리에서 이런 능동적인 창조자를 볼 수 있다.

누가 관계의 환경 응답기인지 능동적 창조자인지를 구분하는 핵심은 상대의 무응답에 어떻게 대처하는지에 달려 있다. 내가 환경의 응답기라면 무응답에 매우 민감해서 상대가 자신에게 악의적이라고 단정한다. 그러나 이는 대부분 오해이다. 일부러 응답하지 않은 것이 아니라 받은 신호가 너무 약해 내가 알아차리지 못한 것일 수 있다. 반면 능동적인 창조자는 응답이 없을 때도 여전히 능동적인 태도를 유지한다. 상대의 관점에서 문제를 바라보며 오해나 적대감을 줄인다. 그리고 능동적 기질을 발휘해 관계를 개선하는 기적을 만들어낸다.

진정한 자아가 형성되지 않으면 환경의 응답기가 될 수밖에 없다. 다른 사람을 중심으로 움직이며 그의 반응에 따라 자신의 생사를 결정한다. 그러나 진정으로 자아가 형성된 사람은 관계에서 능동적인 창조자가 된다.

자아를 통제선 안에 가두지 마라

'통제감'은 자아가 뻗어갈 공간을 결정한다. 지나치게 집에만 박혀 사는 사람들은 그 공간에서만 자신의 통제가 발휘되기 때문이다. 그들은 더 큰 공간에 놓이게 되면 자기통제력을 잃어버린다. 우리 주위에 지나치게 집돌(순)이인 사람이 있다면 그가 왜 밖으로 나오지 않는지, 왜 인간관계를 맺으려고 하지 않는지, 왜 늘 같은 음식만 먹는지 등 새로운 시도를 즐기지 않는다면 이 부류에 해당한다. 그들을 만약 더 큰 세계로 끌어낸다면 새로 접하는 모든 일에서 자기 통제감을 잃고 헤맨다. 그들은 자신이 와해되고 있다고 느껴 자괴감에 빠지기도 한다.

또한 그들은 자신이 가본 적이 없는 곳에 가게 되면 미리 세심한 계획을 세우고, 발생 가능한 모든 상황과 대책을 최대한 고려해 통제감을 형성하려 한다. 하지만 한 번 통제감을 상실하면 그들은 외부 세계가 자신을 무시한다고 생각한다. 이를 적대감으로 받아들이고 외부로 통하는 문을 닫는다. 적대감은 곧 어둠이고, 통제력 상실은 어둠에 함몰되는 것이다.

자신이 맞설 수 없는 외부 환경이 두렵다면 상상 속에서 통제감을 넓혀보자. 자신에게 찾아오는 가상의 적대감과 맞서 싸워보면 된다. 상상이므로 자기 통제감을 상실할 염려가 없다. 마음껏 대적하고 자신감을 얻자. 그렇게 되면 현실에서도 한 걸음씩 자기 통제 범위를 넓혀갈 수 있다.

완전체 자아로
거듭나기

미국의 커뮤니케이션 이론가 폴 스톨츠Paul Sztorc는 AQ 개념을 설명하면서 '통제성, 도달 범위, 근원, 인내심'이라는 네 가지 분야로 나누었다.

'통제성'은 얼마나 큰 좌절을 겪든 그 상황을 통제하는 능력이다. '도달 범위'는 좌절감이 실패한 일로부터 다른 방면으로 확장되는 범위를 말한다. '근원'은 내적 원인과 외적 원인이다. '인내심'은 말 그대로 참아내는 정도이다. '인내심'은 문제의 근원을 찾는 지혜로 결정된다. 내적 원인이란 자신에게서 원인을 찾는 것이고 외적 원인이란 환경에서 원인을 찾는다. AQ가 높은 사람은 쉽게 내적 원인을 찾고 이 상황을 개선하고 책임을 지겠다는 의지가 있다.

우리는 원인을 찾되 죄를 묻지 말고, 자신의 죄뿐만 아니라 다른 사람의 죄도 묻지 말아야 한다. 죄를 물으며 죄인(나쁜 사람)을 찾아 책망하려 해서는 안 된다. 이런 감정을 '초월'해야 정확한 원인을 밝힐 수 있다. 실패의 진정한 이유를 찾아야 상황이 개선된다.

전능한 자기애는 '공생이나 혼돈'과 연결되어 있다. "나는 나고, 너는 너다."라는 기본적인 분화조차 되지 않아 철저하게 이기적이거나 극단적 대립 상태이다.

반면, 건강한 자기애는 '분화나 경계'와 자연스럽게 연결되어 진정한 자아가 형성되어 있다. 이런 결합 자아가 생성되면 "내가 세상에 존재해도 된다."라고 인식한다. 사소한 고민을 내려놓고 좌절을 받아들이며 '나'의 의지와 존재를 확인해나간다.

만약 결합 자아가 형성되지 않으면 나의 의지가 곧 '나'라서 좌절은 '나'의 죽음을 의미한다. 거절은 "나는 나고, 너는 너이므로 혼돈과 공생에 대한 욕구는 채우질 수 없다."라는 의미이다. 심리상담 중에 내담자가 상담자의 공감력에 만족하지 못하면 이 역시도 분화를 일으킨다. 그래서 이들은 자신의 의지가 좌절될까 아주 사소한 부분까지 편집적으로 매달린다. 예를 들어 버스에서 내려야 할 정류장을 놓쳤거나 거스름돈이 맞지 않는다는 이유로 기사에게 욕설을 퍼붓거나 폭행을 가하기도 한다. 이 상황을 참으면 자신의 삶이 의미 없어진다고 여기기 때문이다.

'자기희생'만 배우고 이기심을 부정당한 사람들도 자아가 불완전하게 형성된다. 그로 인해 계속 전능한 자기애에 머물러 있을 수밖에 없다. 이기적이든 반대로 배려심이 많든 간에 그들의 내면 정서는 매우 어린 상태이다. 충만한 자기애로 자신을 보살피는 사람들이 자기 의지로 세상에 참여할 수 있다. 사랑하고, 미워하고, 승패와 득실을 경험하며 자신의 생명력을 단련시키는 것이다. 그래야만 성숙하고 인격적인 영혼이 형성된다.

감정의 파도를
즐기는 자아가 이긴다

무엇을 하든 완벽함을 추구하는 사람들이 있다. 반면 적당히 마무리하는 사람들도 있다. 연애할 때 조건이 좋은 사람만 찾는 사람이 있는가 하면, 어떤 이는 자신과 잘 맞을지 정확하게 타진하는 사람도 있다. 또 공부나 일할 때 집중하는 사람이 있는가 하면, 모든 방면에 뛰어나고 싶은데 결과적으로 제대로 하는 게 아무것도 없는 사람도 있다.

완벽함을 추구하는 사람은 어느 정도 전능한 자기애에 지배당한다. '신'의 경지에 오르길 원하는 것이다. 적당함을 아는 사람은 명확한 자아로 진정한 '나'가 되기를 원하는 것이다.

핵심 자아가 태어나기 전 우리는 환경의 응답기에 불과했다. 타인의 평가에 신경 쓰고 자신이 처한 환경에서 가장 좋은 것을 가지려 힘을 다한다. 이때는 무엇을 가져도 불만족스럽고 허기를 느낀다. 그러나 핵심 자아가 형성되고 나면 환경에 자아의 기준이 흔들리지 않는다. 오히려 환경을 관찰하는 능력과 여유로움을 가질 수 있다.

핵심 자아가 형성될 수 있느냐는 관계의 질이 결정한다. 따뜻하고 긍정적인 상호작용을 맺고 있다면 자아는 빠르게 성장한다. 이런 관계의 지속은 외부의 가혹한 평가에 좌우되지 않도록 뒷받침이 된다. 자아의 틀이 아름답게 완성되어가고 있음이다. 자기 심리학의 대가 하인즈 코헛Heinz Kohut은 "핵심 자아는 감정의 거친 파도 속에서 핵심 자아가 굳건하게 서 있다."라고 말했다.

우리가 사는 사회에서 성공한 사람을 분석할 때 주관이 뚜렷한 사람, 목표나 이상이 분명한 사람이라고 인식한다. 그러기에 원하는 성공을 이루어냈다는 것이다. 그러나 이들의 도전이나 성공

공생과 혼돈에서 '나'를 분화시키자.
그래야만 '나'를 만드는 일이 점점 더 명확해진다.

과정 중에는 시련과 좌절도 끊임없이 반복되고 위기의 순간을 맞닥뜨려야 했을 것이다. 사회적 혼란은 그들에게 무릎 꿇을 것을 강요했을지도 모른다. 하지만 이들은 끝까지 자아를 지키며 흔들리지 않았다. 확고한 자기 확신으로 자아를 지탱하며 나아간 것이다.

공생과 혼돈에서 '나'를 분화시키자. 그래야만 '나'를 만드는 일이 점점 더 명확해진다. 언제나 자신에게 '최고'를 원한다면 아직 진정한 '나'를 발견하지 못했다는 뜻이다. 자신에게 적합한 정도를 찾아야 비로소 '나'에게 만족할 수 있다.

바람에 흔들리지 않으려면
주체성을 움켜쥐어라

"나는 세상에서 유일한 존재이다!" 이 '주체감'을 절대 잃어서는 안 된다. 그러므로 자신의 선택에 대해 그 누구도 대신 할 수 없는 '이건 내 선택이야!'라는 것을 느껴야 한다. 작은 부분이라도 다른 사람의 압박에 의한 수동적 선택이 아니라 능동적 선택이어야 한다는 것이다.

"이건 내 선택이야!"라고 말하려면 먼저 "아니요."라고 당당하게 말하는 법을 배워야 한다. 조급한 마음으로 언제나 "네."라고 할 필요는 없다. "아니요."를 말하지 못해 다른 이의 선택을 따른다면 이미 주체성을 잃어버렸거나 자신을 드러낼 용기가 없는 사람이다. 여러 핑계로 선택을 회피하는 것이다.

자신의 존엄을 지키는 방법은 주체성을 가지고 자기 의견에 생명력을 주입하는 것이다. 언제 어디서든 자기 견해를 당당하게 밝히는 것, 분명한 자기 관점을 가지는 것, 문제 상황에 맞게 판단 능력을 갖추는 것이다. 이런 주관이 있으면 물질적 향유나 지위에 집착하지 않는다.

사회에서 '존엄하게 사는' 길이 막히면 사람은 쉽게 물질과 권력의 측면에 머무르며 벌레나 하등 동물처럼 허리를 굽히게 된다. 그중 허리를 펴고 서 있는 사람이 있다면 그저 허리가 꼿꼿해 접히지 않는 사람일 뿐이다.

모든 문제는 존재 영역에서 출제된다.

우리는 현실에서 직면한 문제가 늘 순조롭게 해결되기를 바란다. 하지만 이미 부정적인 감정이 '좋고 나쁨', '옳고 그름', '높고 낮음'의 평가를 내렸다면 문제 상황을 바로 직시할 수 없다. 이런 문제는 깊이 파고들수록 무엇이 문제인지 미궁에 빠진다. 감정이 판단력을 무너뜨리기 때문이다. 따라서 해결할 방안을 찾지 못하면 문제 앞에 무릎을 꿇게 된다.

당신이 이제껏 극복하지 못하고 평생 싸워 온 문제가 있다면 그것을 완전히 방임할 공간을 마련해보자. 습관처럼 일을 미룬다면 일정한 시간(예를 들면 일주일)을 두고 철저하게 일을 미뤄보자.

이때 어떤 일을 하도록 자신을 압박해서는 절대 안 된다. '온전한' 미룸을 경험하며 마음에 깃드는 '위안'과 '불안'을 동시에 경험해야 한다.

물론 내면의 대립적 목소리가 동시에 부딪혀 힘을 겨루고 갈등하면 괴롭다. 그래도 양쪽의 목소리를 순수하게 받아들이며 자신이 진짜 원하는 방향을 찾아야 한다. 인격적 갈등에는 모두 깊은 뜻이 있다.

진짜 자아의 속삭임을 들어라

진짜 자아를 가진 사람들은 자신이 무엇을 원하는지 안다. 그것의 특성까지 파악하고 있다. 반면 가짜 자아를 가진 사람들은 자기감정을 알지 못한다. 자신이 무엇을 원하는지 모르기 때문에 다른 사람이 원하는 것을 막연히 같이 추구하는 경향을 보인다. 그러면서도 누구보다 그것을 더 많이, 더 크게 갖길 원한다. 대학 입학시험이나 취업의 관문에서 다 같이 외나무다리를 건너는 현상이 나타나는 이유도 여기에 있다. 가짜 자아를 가진 사람들이 모두 그 길에 편승하려고 하기 때문이다.

진짜 자아는 자신의 감정을 중심으로 구축된다. 반면에 가짜

진짜 자아는 자신의 감정을 중심으로 구축된다.
반면에 가짜 자아는 타인의 감정을 중심으로 구축된다.

자아는 타인의 감정을 중심으로 구축된다. 후자의 비애는 다른 사람의 감정을 중심으로 움직인다는 점이다. 이들은 결코 자신을 위해 살지 못한다. 운동조차도 남의 시선을 의식하며 강행한다.

그럼에도 불구하고 가짜 자아가 우리 사회에 보편적으로 존재하는 이유는 진짜 자아로 산다고 스스로 착각하기 때문이다. 그만큼 내면과 연결되지 않은 모습으로 사는 사람이 많은 것이다. 그로 인해 우리 사회에 잘못된 인식이 심어지고 있다. "서로를 해하는 사회에서 되는 대로 살아가는 사람은 절대적으로 착한 사람이고, 욕망에 전혀 물들지 않은(몸을 벗어난) 순수한 착한 사람이다."라는 관점이다. 하지만 이런 사람은 현실 감각이 없는 사람일 뿐이다. 분명히 말하지만 진정한 자아의 인식 없이 마냥 순수하고 착한 사람은 없다. 그저 순수한 바보만 있을 뿐이다.

진짜 자아에서
도피할 방법을 궁리하지 마라

우리는 진짜 자아를 감추려고 한다. 진짜 자아를 드러내는 것이 수치스럽고 위험한 일이라고 여기기 때문이다. 이와 관련된 하나의 이미지가 있다. 적대심이 없는 거대한 사람이 서 있고 사람들이 벌떼처럼 몰려가 그를 공격한다. 그 거인은 각 사람의 진짜 자아이고 성욕, 활력, 에너지 혹은 감정의 집합체다.

한 사람의 내면에 있는 본연의 '자신'이라는 말이다. 올곧고 바르고 정직하며 순수한 자아는 우리의 '이상'이다. 실제로 들여다보면 욕심과 탐욕, 열정과 욕구로 점철되어 있다. 물론 성인군자나 특별한 종교인은 다를 수 있다. 하지만 일반적인 사람이라면 약간의 경중만 다를 뿐 자아를 구성하는 요소는 비슷하다. 도덕적 판단으로 자아의 옳고 그름을 재단할 수 없다는 말이다. 더불어 어떤 자아가 더 월등한 수준이라고 말할 수도 없다.

자신이 가진 감정이나 활력을 다른 사람이 인정하면 이는 열정으로 전환된다. 하지만 인정받지 못하면 과욕이고 과도한 욕망이라고 질타받는다. 그러므로 진짜 자아를 드러낼 용기를 내지 못한다. 상대의 반응을 두려워하는 것이다. 드러내고 싶은 욕구를 자신의 자만심 혹은 근거 없는 자신감이라고 스스로 의심한다. 자기 과시 욕구에 수치심을 느끼는 사람도 있다. '아무도 관심 없는데, 계속 꺼내서 보여주려고 하는 건 문제 있는 거 아니야?'라고 생각한다. 이런 생각이 자기 내면을 지배하는 사람은 자기 공격성을 잠재우고 성욕(최소한 성적 매력)을 무시한다. 뜨거운 감정은 숨기고 좋은 사람의 껍데기만 보이려 한다. 이것이 진짜 자아로부터 도피하는 가장 흔한 방법이다. 진짜 자아가 열정적이면 착한 사람으로 인정받는 데 방해가 된다고 단정하는 것이다. 그로 인해 인간관계 능력 외에는 모든 영역에서 활력을 잃는다.

거짓말로 자신을 포장하는 것은 은밀한 자아 도피 방법이다. 상담하러 온 여러 내담자는 습관적으로 거짓말을 한다. 그런 거짓말은 사소한 것들이다. 다른 사람에게 보여준 자신과 진실한 자신 사이의 거리를 유지하기 위해 자기 현실에 거짓을 섞는다. 그래야 진짜 자아가 상처받지 않을 것이기 때문이다. 그렇지만 아무리 자아를 포장하고 감추어도 자아에서 벗어날 수 없음을 깨달아야 한다.

자기관찰에서
자아가 인지된다

거울을 내면화하면 자신을 잘 관찰할 수 있다. 그리고 내면화된 거울을 보며 자기비판은 삼가야 한다. 가혹한 자기비판은 자기관찰을 왜곡시킬 뿐이다. 또한 가혹한 공격을 일삼는 양육자나 주변인을 자신 가까이에 둘 필요도 없다.

효과적인 자기관찰을 위해서는 사실과 감정을 받아들일 심적 공간이 필요하다. 너무 조급하게 사실과 감정에 몰두하기보다 자신을 온전히 느끼며 일정한 거리를 두고 지켜봐야 한다. 이 두 가지를 결합해야 진정한 자기관찰이 가능해진다.

자신을 관찰 공간에 내어두지 않으면 이분법적 사고로 완전한

자아 인식에는 이해와 수용이 뒤따라야 한다.
인지의 주된 대상은 자기감정이다.
자신의 온전한 감정을 이해하기 위해 공간을 부여하자.

부정과 완전한 긍정 중 하나를 선택하게 된다. 능동적이고 열정적인 요구에 몰린 자아는 일이 잘되면 좋은 사람이고, 일이 잘못되면 자신이 나쁜 사람이라고 판단한다. 중간이 없다. 또한 관찰 공간이 부족하면 문제에 대한 의견과 해결책을 내놓으라고 성급하게 요구한다. 자신을 닦달하며 초조하게 일상을 맞이하도록 만든다. 좋고 나쁨으로 나눠 자신의 존재 가치까지 결정하고 당장 일을 해결하지 않으면 존재할 이유가 없다고 여긴다. 자신에게 최대치의 압박을 가하는 것이다. 여유를 주지 않고 다른 것을 받아들일 공간을 막아버린다.

자아 인식에는 이해와 수용이 뒤따라야 한다. 인지의 주된 대상은 자기감정이다. 자신의 온전한 감정을 이해하기 위해 공간을 부여하자. 그곳에서 감정의 에너지가 온전히 흐를 때 다른 에너지와 연결된다. 이것이 일종의 '치유'이다.

자아 인지의 폭을 무한대로 넓혀라

모든 사람의 삶의 형태는 그의 내면세계가 보여준다. 사람들은 자신이 추구하는 삶의 방향에 따라 감정에 의해 행동하며 판단하고 결정하기 때문이다. '인생'을 살아간다는 것 자체가 자기 마음속 목소리를 외부에 드러내는 과정이다. 따라서 내적 상태가 개선되기 전에 외적 삶의 상태를 먼저 바꾸려 해서는 안 된다. 마음과 행동이 불협화음을 일으켜 사회에서 좌충우돌하게 만들 수 있다. 그리고 관계에서 갈등이 유발되며 진정성 없는 사람이라는 선입견을 줄 수도 있기 때문이다.

분석심리학자 칼 융은 살아 있는 동안 반드시 인지의 범위를 넓혀야 한다고 강조했다. 개인의 인생뿐 아니라 집단 지성에서도 마찬가지다. 자기 기준을 고집하지 않으면 인식의 범주를 가장 넓게 넓힐 수 있다. 인지를 자연스럽게 흐르게 하면 스스로 증폭된다.

하지만 인식에 자기만의 '꼬리표를 붙이면' 더 발전하지 못한다. 제한된 흐름을 가지고 그 안에 머무는 것이다. 진실한 자아를 인지하려면 자신의 특징을 발견했을 때 그것을 계속 이해하고 살펴야 한다. 그래야만 현재와 미래의 삶에 자기 의지가 반영되어 꿈꾸는 삶을 살아갈 수 있다.

감정을 인정하고
자유로워지자

진짜 자아를 원한다면 자기감정을 존중하자. 마음과 감정이 삶을 이끌도록 해야 한다. 자아가 파괴되었거나 아직 형성되지 않은 사람은 자기감정을 존중하지 못하고 인정하지 않으려 한다. 그들은 자기 내면을 들여다보며 황량함과 어둠을 연상한다. 이를 채우고 보완하기 위해 다른 사람의 감정에 따라 움직이는 것이다.

우리는 건강한 자아가 형성되지 않으면 외부에서 자신을 구할 도구를 찾는다. 예를 들어 부부싸움을 할 때 배우자의 절대 건드려서는 안 되는 부분을 언급하는 경우다. 상대 부모의 단점이나

이제는 외부 세계나 다른 사람의 감정에 치우치지 말자.
자기감정을 존중하라. 감정은 마음에서 나온다.
자기감정을 따르면 오히려 자유로워진다.

치부, 약점을 이야기하는 것은 신의 규율을 어기는 것과 같다. 우리는 가족과 자신의 자아를 일정 부분 동일시한다. 따라서 배우자가 자기 부모를 공격하면 자신의 자아가 공격당했다고 분노한다. 이에 부정당한 자아를 회복하기 위해 최대한 강력하게 방어하는 것이다.

내면이 연약한 사람일수록 외부 세계에 자신을 의탁하는 경향이 있다. 어릴 때의 부모는 외부 세계의 절대자였다. 성장 과정에서 부모의 영향력을 벗어나지 못하면 성인이 된 후에도 그들은 그 안에 머물고 싶어 한다. 부모가 드리운 그늘에 있어야 안정이 되는 것이다. 부모를 옹호하거나 상대의 부모를 공격하는 것은 바로 이 지점의 출발이다. 약한 자기 내면을 지키기 위해 온 힘을 다해 외부 자아를 지키려는 것이다.

이제는 외부 세계나 다른 사람의 감정에 치우치지 말자. 자기 감정을 존중하라. 감정은 마음에서 나온다. 자기감정을 따르면 오히려 자유로워진다.

가면 속에 자신을 숨기지 마라

우리는 자신을 어떻게 사랑해야 할지, 타인과 이상적인 관계는 어떻게 맺어야 할지 등과 같은 자기 정체성과 성이나 사랑, 존중과 대립 등 일상에서 일어나는 갈등으로 혼란스러울 때가 많다. 이를 이해하고 고민하며 극복해나가는 과정에서 우리는 성장한다. 자신이 진정으로 추구해야 할 가치를 정립하며 한 걸음 한 걸음 나아가게 되는 것이다.

유일하고 독립된 자아가 형성되지 않으면 자신이 무엇을 원하는지 알 수 없다. 그래서 남들이 원하는 것을 맹목적으로 추구하게 되는 것이다. 남이 정한 가치와 기준을 따르는 것인데 이때 '비교 심리'가 생겨난다. 경쟁심리가 발동해 그저 남들을 이겨야 한다고 믿는다.

자아는 모든 것의 시작이다. 발달한 머리, 민감한 몸, 충만한 감정의 집합체로 자신의 의견과 결정을 행동으로 이끈다. 행복과 이익을 추구할 때 그 대가로 자존감을 잃는다면 과감히 포기해야 한다. 진짜 자아로 사는 삶은 충만함을 부르지만, 가짜 자아로 사는 삶은 무의미하고 건조해진다. 이성적 판단과 사고에만 의존하면 몸과 감정이 분리될 수 있다. 자아 인식보다 머리의 영향력이 커져 가짜 자신으로 살아가게 되는 것이다.

건강한 자아에는 자신감과 열정이 숨 쉰다. 외부의 에너지를 체화시켜 한곳에 집중하거나 분산시키기도 하고 다른 사람에게 에너지를 전달하기도 한다. 일에 대한 열정이 많아 무엇이든 적극적으로 나서서 해결하고 도움을 준다.

자신을 받아들여라! 진짜 '나'를 기쁘게 받아들여라! 누구나 잘 아는 이 이치를 왜 자신에게 적용하기는 어려울까? 자기를 온전히 인식하지 못하기 때문이다. 자신을 받아들이기 위해서는 먼저 자신을 알아야 한다. 알고자 하는 만큼 자신의 고통스러운 부분을 건드려야 한다. 자존심을 상하게 하는 고통이 따라야 한다.

하지만 고통을 외면하려는 심리가 강하게 작용하므로 이것을 넘어서기 어렵다. 자기 내면이 파괴되어 인생이 불행하다고 느끼고 있다면 이를 먼저 해결해보자. 자신을 온전히 받아주는 환경과 사람에게서 자신을 발견하자. 혼자서 자신을 인식하는 것보다 긍정적 효과가 난다. 전문적인 심리적 도움도 중요하고, 일상생활에서 따뜻함을 찾는 것도 중요하다.

진짜 '나'를 숨기고 가면을 쓴 채 세상을 마주하면 '나'를 단련시킬 기회를 잃을 수 있다. 물론 진짜 '나'가 공격과 비난, 도전을 피할 수는 있다. 하지만 회피와 도망은 자신을 발전시키지 못한다. 우리는 문제에 직면하면 매우 조급해한다. 당장 해결하지 못하면 삶이 끝날 것 같고 자신의 능력으로는 도저히 감당하지 못할 문제처럼 생각된다. 그래서 도망갈 길을 찾거나 다른 이의 도움을 바란다. 하지만 시간이 필요한 문제도 있다. 의외로 단순하게 해결할 수 있는 문제도 많다. 진짜 문제는 자신을 신뢰하지 못하는 데 있다.

진짜 자아로 사는 가장 바람직한 방법은 자신이 정한 길을 걸으며 이해와 동반, 지지를 얻는 것이다. 여러 기대와 '통제, 간섭, 강제'에 굴하지 말자. 진정한 '나'로 사는 것을 지향해야 한다. 현실에서 여러 어려움을 이길 힘도 자신의 길을 가는 데서 획득된다.

삶과 죽음을 다스리는 것은 신이 아니다

목표를 성취하는 과정에서 우리는 살아 있음을 느끼곤 한다. 생명력이 몸에서 용솟음치는 기분이다. 그러나 결과가 만족스럽지 못하면 자신이 소멸하는 느낌을 받는다. 그래서 노력하고 성취해나가는 과정을 다른 각도에서 보면 죽음에서 벗어나려는 분투로 보이기도 한다.

결과에 천착하기보다 과정을 즐기며 외부와 자신이 연결되는 경험을 해보자. 다양한 감정을 체험하며 이 순간을 살아야 열정이 샘솟는다. 그 순간순간 자신의 존재와 생명력을 확인할 수 있다. 자아의 정체가 오롯이 확인되기 때문이다. 이런 존재감이 생사의 근심을 털어낸다. 여유를 가지고 마음을 열어 모든 상황을 수용하자. 자신을 발전시키는 길이다.

삶의 에너지를 체험하는 동시에 죽음의 에너지는 통제하자. 어떤 동력을 발휘했는데 현실과 동떨어지거나 불합리하다면 능동적으로 이를 제어하며 다스려야 한다. 거듭 말하지만 자기 통제는 내면의 동력을 억제하여 죽이는 것이 아니다. 살아 있어야 할 때 살고, 죽어야 할 때 죽을 수 있도록 삶과 죽음의 에너지를 장악(혹은 이에 순응)하여 더 지혜롭고 자유롭게 사는 길을 여는 것이다.

아직 자기 의지대로 살아보지 못한 사람, 죽음의 에너지에 막혀 있는 사람은 '혼란스러운 힘'을 발산해 나아갈 길을 찾아야 한다. 반면, 욕망에 침몰한 사람은 죽음의 에너지를 받아들일 수밖에 없다. 삶의 에너지만 추구하고 죽음의 에너지를 차단하면 외부에서 죽음의 에너지를 불어넣는다. 이때 여러 환경과 조건을 탓하게 되지만 가만히 돌아보면 내면에 숨죽이고 있던 죽음의 에너지가 외부로 투사된 결과일 뿐이다.

감정을 움직여 자신의 존재를 경험하자.
많은 상황에서 감정은 우리를 올바른 방향으로 인도해준다.

모든 소망의 실현은 삶이고, 실패는 곧 죽음이다. 소망이 자꾸 좌절되어 죽어버렸다면 다시는 소망을 품지 않는다. "나의 소원은 절대 실현되지 않아."라고 단정하며 소망 자체를 내면에서 죽인다. 만약 이런 상황에 놓여 있다면 작고 사소한 소망 하나를 품어보자. 그것을 이루고 실현한 뒤 조금 더 큰 소망을 이루기 위해 노력하면 된다. 줄곧 자포자기의 상태에 놓여 있는 사람이라면 사랑이나 큰 소망을 통해 깨어날 필요가 있다.

어떤 소망을 실현하고 키우는 것은 어려운 일이다. 하지만 자신의 소망을 능동적으로 죽이는 일은 자기애가 타격을 입지만 비교적 쉽다. 어떤 사람은 자신이 원하는 바를 직접 추구할 용기는 없지만 상대방을 유혹해 자기 대신 마음을 쓰게 하고, 그 일을 자기 일처럼 생각하게 한 뒤 그것을 죽여버리는 데 능하다. 상대방이 자신의 소망을 달성하기 위해 끙끙거리며 노력하는 모습을 지켜보다가 자신이 그것을 한방에 무너뜨렸을 때 자신이 상대방보다 강하다고 생각하고 통쾌해한다. 그러니 다른 사람을 도울 때 자기 일처럼 발 벗고 나서서는 안 된다.

몸은 마음의 거울이자 영혼의 거처이다. 감정, 정서, 욕망, 목소리의 표현은 내면에 깃든 열정을 의미한다. 이에 따른 호응을 얻으면 자신감을 얻어 열정이 유지된다. 그러나 반응이 없으면 열정이 얼어버린다. 이때 자신감마저 상실한다면 자신을 믿지 못하고 의지와 의욕마저 냉각되어 버린다. 자신의 열정(활력, 생명력)에 공감하고 스스로 응원하는 일을 멈춰서는 안 된다. 자기 확신이 삶의 방향을 진취적으로 이끌고 죽음에서 자신을 구한다.

체험은 삶에
생명수를 공급한다

우리는 이성이 신체를 제어한다고 믿는다. 그래서 타인의 평가와 자신이 내린 평가에 큰 의미를 둔다. 그리고 주변을 평가하며 자신이 다른 이들보다 높은 자리에 올라 있음을 확인한다. 자신의 이성적 판단을 절대적으로 믿는 것이다. 그러나 평가는 주관적이며 여러 요인에 의해 좌우된다. 자기 판단을 절대적으로 믿어서는 안 된다는 말이다.

사람들과의 교제를 회피하는 한 남성이 자신의 판단을 맹신했다. 신체 감각은 저속하고 이성적 사고만 자신이라고 믿었다. 즉, 신념이나 자기 확신이 신체의 느낌보다 높은 수준이라는 것이다. 그러나 생명의 존재는 체험으로 감지될 수 있다. 사고와 생각만으로는 생명을 유지시키는 힘이 발휘될 수는 없다.

평가를 좋아하면 체험에서 멀어진다. 체험은 불안을 부르고 예기치 않은 상황을 만들어내므로 가급적 이런 경험을 피하고자 한다. 그러나 체험을 하지 않으면 진실이 무엇인지를 알 수 없다. 만약 이성으로 자기 삶을 결정하고자 한다면 매우 수준 높고 완벽한 이성을 소유해야 한다. 그러나 이런 수준의 이성을 완성하기란 불가능하다. 오히려 자기감정을 존중하면 일이 간단해진다.

감정을 움직여 자신의 존재를 경험하자. 많은 상황에서 감정은 우리를 올바른 방향으로 인도해준다. 물론 가장 최상의 상태는 이성과 감성을 결합하는 것이다. '자기애, 공격성, 성'은 인간의 세 가지 기본적인 원동력으로 이성적 사고를 이끌어야 한다. 사고의 기초에 원동력과 생명력이 흐를수록 자신을 발전시킬 에너지가 충족된다.

돈을 잃는 것은 적게 잃는 것이다.
그러나 명예를 잃는 것은 크게 잃는 것이다.
더더욱 용기를 잃는 것은 전부를 잃는 것이다.
윈스턴 처칠

남을 위해 산다는 것은 쉬운 일이어서 누구나 잘하고 있지만,
이참에 나는 여러분에게 자기 자신을 위해 살도록 요청한다.

에머슨